# Francis Aupiais sma

# SOUVENEZ VOUS

### Textes et témoignages

Textes présentés et annotés par

## Pierre Saulnier sma

Collection SMA-Sankofa – Vol. 11

2018 – Rome

Auteur : Francis Aupiais

ISBN-13: 978- 1718792289

ISBN-10: 171879228X



Pour toute commande : s'adresser à Amazon.

**SMA Publications**
Via della Nocetta, 111, 00164 Rome (Italie)
sma.mediacenter@gmail.com

# Le Cardinal Bernardin GANTIN
# (1922 – 2008)

A l'occasion du dixième anniversaire de la mort du Cardinal Gantin, la SMA publie une série de 7 volumes sur le père Francis Aupiais : sa biographie et ses écrits. Missionnaire au Dahomey (Bénin), il a œuvré avec compétence et passion pour montrer au monde la beauté, la grandeur et la dignité de l'Afrique dont le Cardinal Gantin, membre honoraire de la SMA, est l'un des fils les plus éminents.

# DATES IMPORTANTES DE LA VIE
# DU PERE FRANCIS AUPIAIS

**11.08.1877** : naissance à Saint-Père-en-Retz (L.I. - France)

**29.06.1902** : ordination à la prêtrise aux Missions Africaines

**Oct. 1903** : envoi en mission au Dahomey (Abomey, Porto-Novo)

**1915-1919** : mobilisation à Dakar (Sénégal)

**Nov. 1926** : retour en congé

**Mai 1928** : nomination comme provincial de Lyon

**Sept. 1931** : supérieur du séminaire de Baudonne

**Juill. 1937** : élection comme provincial de Lyon

**14.12.1945** : décès à Paris

Francis AUPIAIS (1877 – 1945)

# BIOGRAPHIES DE FRANCIS AUPIAIS

*Par ordre chronologique*

Georges HARDY, *Un apôtre d'aujourd'hui : Le révérend père Aupiais, Provincial des Missions Africaines de Lyon*, Larose, Paris, 1949.

Martine BALARD, *Dahomey 1930 : Mission Catholique et culte vodun. L'œuvre de Francis Aupiais (1877-1945), missionnaire et ethnographe*, Presses Universitaires de Perpignan, 1998. 2e édition : Paris, L'Harmattan, 1999.

Joseph LEJEUNE, *Francis Aupiais, ethnologue*, Oujda (Maroc), 2003.

Dominique AUPIAIS, *Le révérend père Francis Aupiais (1877-1945). Un historien breton pour une reconnaissance africaine*, Ed. JFR Grand Océan, La Réunion, 2006.

Pierre SAULNIER, *La Reconnaissance Africaine. Francis Aupiais (1926-1931) Hier et Aujourd'hui*, SMA Publications, 2018.

# Collection SMA-Sankofa


**Vol. 1.** Société des Missions Africaines, Les circulaires des Préfets apostoliques de Côte d'Ivoire (1895-1911)

**Vol. 2.** MOUREN, Joseph., The Catholic Missions in Northern Nigeria, Foundation and First Years (1906 – 1910)

**Vol. 3.** MOUREN, Joseph., Journal de la mission Bénoué-Tchad (1906-1909)

**Vol. 4.** AUPIAIS, Francis., Cours et Causeries pour « réhabiliter les Noirs »

**Vol. 5.** SCHOONEN, Adrien., Histoire de nos Constitutions

**Vol. 6.** SCHOONEN, Adrien., History of our Constitutions

**Vol. 7.** AUPIAIS, Francis., La bonne Terre… L'Africain, homme religieux

**Vol. 8.** AUPIAIS, Francis., La Civilisation et l'excès de la Colonisation

**Vol. 9.** AUPIAIS, Francis., Voyages en Egypte

**Vol. 10.** AUPIAIS, Francis., Voyages en Afrique Occidentale

**Vol. 11.** AUPIAIS, Francis., Souvenez-vous. Textes et témoignages

**Vol. 12.** AUPIAIS, Francis., Lettres à Paul HAZOUMÊ


*Pour le catalogue détaillé visitez : smainternational.info*

## Équipe chargée de SMA Sankofa

Andrea Mandonico, sma, Michel Bonemaison, sma, Roberta Grossi, S. I. Francis Rozario, sma

**Collaborateurs de cette édition :** Dante Bragagnolo, Marie Guerin et Marie-Jo Hervouet.

# INFORMATIONS PRATIQUES

Les documents que nous présentons sont consultables aux Archives de la Société des Missions Africaines à Rome. (AMA)

Dans les citations, nous avons gardé l'orthographe de l'auteur pour les noms tirés des langues africaines ; cette orthographe varie parfois suivant les personnes et les documents.

En général, nous avons gardé la présentation originale de ces textes, surtout les titres et sous-titres de l'auteur ou de l'éditeur. Cependant pour agrémenter nous nous sommes permis de mettre en italique les paroles éventuelles des protagonistes cités par l'auteur.

Pour accéder à davantage d'informations, en particulier sur les membres décédés des Missions Africaines, vous tapez sur Internet le nom et le prénom de la personne recherchée et à la suite Missions Africaines ; vous cliquez, choisissez un site qui indique *nécrologe général*, et vous obtenez au moins un résumé de sa vie.

# PRÉSENTATION

Sur le père *Francis Aupiais*, ont paru, depuis une dizaine d'années, plusieurs ouvrages. Le premier est celui de *Martine Balard*[1], universitaire de Perpignan, qui voulant faire une thèse sur les pratiques iconoclastes des coloniaux, s'est retrouvée face à un missionnaire qui non seulement n'a rien saccagé, mais a constitué une collection d'objets pour faire découvrir l'art africain en France. Le second, de *Joseph Lejeune*[2], compatriote de *Francis Aupiais* et prêtre résidant à Oujda au Maroc, fait parler des africains noirs et maghrébins. Le troisième enfin est signé de *Dominique Aupiais*[3], 'neveu' du père, qui rejoint dans son travail universitaire et son engagement politique à La Réunion, le combat de son 'oncle' pour la reconnaissance des cultures locales. Il faudrait encore ajouter à cette liste quelques articles parus dans des revues.

Il nous manquait d'avoir à notre disposition les textes originaux. Son ouvrage « *Le missionnaire* »[4] est épuisé ; quant à ses articles, encore faut-il pouvoir trouver les revues où ils ont été publiés. Le but de cette parution est donc de fournir à ceux qui

---

[1] Martine Balard. *Dahomey 1930 : Mission Catholique et culte vodoun. L'œuvre de Francis Aupiais (1877-1945), missionnaire et ethnographe*. Perpignan. Presses Universitaires de Perpignan, 1998 ; 2° édition : Paris, l'Harmattan, 1999.

[2] Joseph Lejeune. *Francis Aupiais, ethnologue*. Oujda (Maroc), 2003.

[3] Dominique *Aupiais*. Le *Révérend Père Francis Aupiais (1877-1945)*. Un humaniste breton pour une reconnaissance africaine. Éd. JFR/Grand Océan, La Réunion, 2006.

[4] Francis *Aupiais*. *Le missionnaire*. Éditions Larose, Paris, 1938.

s'intéressent à la vie et à l'engagement missionnaires d'*Aupiais*, quelques-uns des textes les plus importants de lui et sur lui. Nous en avons sélectionnés de trois types. Le premier, son ouvrage « *Le missionnaire* » ; le second, une analyse de « *La Reconnaissance Africaine* » à partir des écrits et discours de ses paroissiens à l'occasion de la bénédiction de la première pierre de la nouvelle église de Porto-Novo en 1925 ; enfin, le troisième, l'essentiel d'un numéro spécial de la revue « *Frères d'Armes* » de 1946, parue en hommage au père *Aupiais*.

Certes *'les temps ont changé'* ; l'Église de Porto-Novo ne dépend plus désormais des missionnaires étrangers pour subsister et se développer ; le Dahomey, devenu le Bénin en 1976, est indépendant depuis 1960. Mais on peut se demander si notre vision européenne du monde africain a, elle, changé en profondeur, et si certains propos du père ne sont pas toujours plus ou moins d'actualité. À son époque, n'existaient pas encore les méthodes de recherche ethnographique, aussi ne faut-il pas juger le père avec notre vision du monde d'aujourd'hui. Ses engagements religieux, politiques, sont aussi ceux d'un missionnaire du début du 20° siècle, mais il a eu le courage de prendre ses distances et même le contre-pied d'une idéologie qui veut que les Africains soient des sauvages qu'il faut civiliser, ou des païens qu'il faut évangéliser. Le père *Aupiais* se révèle aussi comme bien français : là encore il était de son temps. Mais de là, naissent paradoxes et ambiguïtés, voire malentendus. Aussi les textes que nous présentons ont pour but de mieux connaître ses idées et son engagement, de mieux saisir sa popularité et son ascendant tant sur ses confrères les plus jeunes que chez les porto-noviens de cette époque.

Pierre Saulnier, sma

# LE MISSIONNAIRE

*Quand l'ouvrage du père Francis Aupiais 'Le missionnaire' paraît en 1938, il a déjà une histoire ; il aurait dû paraître plus tôt si le Supérieur Général de l'époque n'avait démis son auteur de sa responsabilité de Provincial de la Province de Lyon des Missions Africaines, s'il ne l'avait réduit au silence total, et envoyé à Baudonne, près de Bayonne, comme supérieur d'un petit séminaire faiblement peuplé. Cet ouvrage a une plus longue histoire encore, parce que c'est son expérience et sa politique missionnaires, pendant presque 25 ans à Porto-Novo (capitale du Dahomey de l'époque), juste après la conquête coloniale qu'il y retrace. Il y est le témoin du travail des missionnaires à cette époque, de l'état de la chrétienté, des espoirs pour le clergé africain.*

*Cet ouvrage de 172 pages, en format 17/11, fut édité aux Éditions Larose à Paris dans la collection « Vies coloniales », publiée sous la direction de Georges Hardy, son ami depuis les années de la guerre de 1914-1918 passées ensemble à Dakar, et qui lui a consacré une biographie[5].*

*Après un hommage du père Maurice Slattery, alors supérieur général des Missions Africaines, et une importante préface « Missions et colonisation » signée*

---

[5] Georges Hardy. *Un apôtre aujourd'hui. Le révérend Père Aupiais.* Provincial des Missions Africaines de Lyon. Larose, Paris, 1949.

*de Mgr A. Boucher, alors président de la Propagation de la Foi à Paris, l'ouvrage se divise en 9 chapitres avec une introduction et un épilogue. Y sont décrits les moments importants de la vie et de l'activité du missionnaire, au jour le jour, depuis ses premiers pas en terre africaine jusqu'aux éventuels congés, avec une approche de la culture, des coutumes locales.*

*Nous reproduisons les passages qui nous ont paru les plus symptomatiques et les plus intéressants pour une première approche du père Aupiais à son époque.*

# MISSIONS ET COLONISATION
## de A. Boucher

# PRÉFACE

*Cette 'préface' est intéressante dans la mesure où Mgr A. Boucher donne sa vision des domaines respectifs d'intervention des pouvoirs politiques et religieux au sujet de la colonisation, vision qu'il devait partager avec bien des instances religieuses dans la première moitié du 20ème siècle.*

Tout d'abord, il importe de distinguer nettement mission et colonisation. L'idée de colonisation implique toujours l'idée du gouvernement plus ou moins direct d'un pays donné par une nation étrangère qui, tout en rendant service au pays qu'elle gouverne, entend bien en tirer profit. On a abandonné aujourd'hui la vieille théorie du pacte colonial, qui voulait exploiter un pays par la Métropole et pour la Métropole, laissant à l'arrière-plan les intérêts de l'indigène. Mais dans la politique d'association la plus complète, il n'en reste pas moins que la puissance colonisatrice entend encore tirer profit des services rendus, et dans une juste mesure, rien n'est plus légitime.

L'idée de mission implique au contraire une action essentiellement désintéressée et entièrement orientée vers le plus grand bien de l'indigène. L'Église catholique ne s'installe nulle part en étrangère. Le royaume spirituel du Christ qu'elle représente s'étend sur le monde entier. À tous, il doit être accessible. L'Église donne mission aux meilleurs de ses fils d'offrir à tous les peuples la vérité libératrice apportée par le Rédempteur et de mettre à la disposition de chaque individu la force des sacrements dont elle a reçu le dépôt. Le missionnaire est l'envoyé de l'Église. Il invite tous les hommes à entrer dans le « royaume des cieux » et à organiser, dans le cadre de leur milieu social et politique, l'Église du Christ. Dans cette Église, tous ont place égale, sans distinction de races, de couleurs ou de nationalités. Aussi le terme des missions est-il la fondation d'églises indigènes appelées à se suffire elles-mêmes et à recruter, parmi leurs fidèles, leurs prêtres et leurs évêques, comme les églises de nos vieux pays chrétiens.

D'autre part, à l'origine de la colonisation, il y a d'ordinaire la force brutale, la conquête, souvent justifiée en droit, mais qui, toujours, laisse un souvenir amer. Après la conquête, la contrainte demeure nécessaire, dans une certaine mesure, pour assurer la domination d'une puissance politique et l'exécution de ses décisions les plus utiles à l'intérêt général.

L'Église ne saurait s'implanter par la force brutale. Elle veut s'introduire dans les âmes par la force rayonnante de la vérité et de la charité. Si parfois le sang marque les origines d'une Mission, ce sera toujours celui du missionnaire ou des néophytes prêts à mourir avec lui pour la foi qu'ils ont reçue.

On ne saurait nier cependant, malgré ces oppositions fondamentales, que de fait, dans l'histoire, mission et colonisation n'aient eu d'étroits rapports. Les cas d'espèce sont délicats à étudier. Certains missionnaires ont pu sortir de leur rôle religieux pour servir une puissance politique. Certains gouvernements ont pu abuser de leur autorité pour imposer à leurs nouveaux sujets telle ou telle religion. Dans les contingences historiques, des confusions ont pu s'introduire. L'Église catholique a toujours rappelé la nécessaire distinction du terrain religieux et du terrain politique.

Mais cette distinction ne nuit en rien aux bonnes relations des deux pouvoirs et aux mutuels services qu'ils sont appelés à se rendre.

Mission et colonisation poursuivent l'une et l'autre, sur des plans différents, une même fin : le bonheur des indigènes. La colonisation qui représente le pouvoir temporel se préoccupera du bonheur temporel de ses sujets. « Politique du ventre plein », a-t-on dit peu élégamment pour exprimer le devoir de procurer le bien-être des indigènes.

L'homme ne vit pas seulement de pain, de riz ou de manioc. L'effort de la colonisation serait incomplet, s'il ne tenait pas compte des besoins supérieurs qui existent dans toute âme humaine, fût-elle celle d'un primitif, hier encore anthropophage.

La Mission supplée à ce qui manque au développement de la civilisation trop uniquement matérielle, apportée par les gouvernements. En tout cas, elle la complète, sur le plan divin, en offrant à toutes les âmes la vie surnaturelle que le Christ est venu donner au monde.

Alors même qu'ils voudraient s'ignorer, les deux pouvoirs se rencontrent. La colonisation en assurant la paix intérieure, en créant les routes, en développant la culture et les richesses économiques, facilite la tâche du missionnaire ou impose à son action des orientations nouvelles.

Mais le travail du missionnaire a, de son côté, un profond retentissement sur l'évolution d'un peuple. La seule prédication de l'Évangile développe les plus nobles sentiments de l'âme indigène et les vertus de sa race. La morale évangélique donne à une société les seules bases qui permettent de résister au dangereux entraînement du progrès matériel. La constitution de la famille chrétienne pose les prémices d'un ordre social nouveau. Par le service charitable des hôpitaux et des dispensaires, le missionnaire non seulement contribue à l'organisation de l'hygiène sociale, mais fait naître par l'exemple les plus belles vertus de dévouement désintéressé. Par l'enseignement des écoles chrétiennes, il apprend la nécessité du travail et il favorise les formations intellectuelle et morale nécessaires pour constituer des élites et hausser le niveau de la masse.

Si toute civilisation véritable comporte un élément spirituel, le rôle du missionnaire aux colonies est de première importance.

Nul du reste n'est mieux placé que lui pour agir sur l'âme indigène. Mieux que quiconque, il la connaît, parce que, plus que quiconque, il vit près de l'indigène, apprend sa langue, pénètre le sens de ses coutumes et de ses traditions, cherche à dégager le meilleur du passé pour préparer l'avenir.

Que fera le pouvoir politique ? Voudra-t-il ignorer cette force spirituelle qui agit sur le même terrain ?

Voudra-t-il l'écarter ou entraver son action ? Voudra-t-il accepter une collaboration loyale et confiante ?

Diverses ont été les attitudes des pouvoirs politiques, au cours du développement des colonies. Certaines attitudes de persécution n'ont point grandi leur prestige auprès des indigènes.

Aujourd'hui, on comprend mieux, semble-t-il, le besoin de la collaboration, pour une même œuvre, de toutes les forces morales d'un pays.

L'Église n'a point varié. Elle, qui recommande avec tant d'insistance au missionnaire de se dégager de toute action nationaliste, qui ne pourrait que le compromettre et le diminuer, ne cesse de lui recommander aussi de respecter le pouvoir établi et de travailler en harmonie avec ceux qui gouvernent.

Si l'idée de mission et de colonisation sont distinctes et dans une certaine mesure s'opposent, l'action missionnaire et l'action colonisatrice doivent collaborer pour le plus grand bien des peuples indigènes. Puisse le livre du R. P. *Aupiais* contribuer à répandre cette vérité !

# LA MISSION DE L'ÉGLISE

*De cette introduction nous ne donnons qu'un court passage qui rappelle le rôle de la Propagande. Le reste décrit dans le détail l'organisation pratique des missions à cette époque ; cette étape est maintenant largement dépassée.*

« La tâche principale de la Propagande fut toujours d'inculquer et d'imposer des méthodes, des normes d'évangélisation ; et l'on remarque qu'après trois siècles elle n'a pas fini d'insister sur les mêmes principes : « Le missionnaire catholique est investi d'une mission religieuse et non d'une mission nationale ; l'évangélisation doit s'adapter au caractère des peuples à convertir, il ne s'agit pas d'imposer à ces peuples la civilisation européenne ; les missionnaires s'abstiendront de toute immixtion dans les affaires politiques, de commerce, d'opérations de lucre, ils n'auront pas recours à la force pour aider à la propagation de la foi ; leur but final doit toujours être l'établissement d'une église indigène viable. »

# CHAPITRE I

## LA VOCATION

*De ce chapitre, nous ne donnons rien ; cela ne correspond plus à la situation actuelle.*


# CHAPITRE II

## PREMIÈRE FORMATION

Ce chapitre décrit les rapports entre les séminaristes et leurs formateurs au cours des années de noviciat et de grand séminaire ; les seconds pouvant apporter aux futurs missionnaires l'expérience concrète de leur travail en mission.

Les séminaristes comptent surtout, pour entendre parler des Missions, sur les missionnaires en activité qui, revenus en France pour se reposer de leurs fatigues apostoliques, aiment à passer quelques jours dans ce lieu qui a été leur séminaire et où, souvent, ils retrouvent encore leurs professeurs qui ont formé leur esprit et guidé leur jeunesse. Ces anciens répondent toujours avec bienveillance aux questions qui leur sont posées, ou bien en public après des conférences faites aux séminaristes, ou bien en particulier dans des entretiens qu'ils leur accordent volontiers.

L'aspirant missionnaire est heureux aussi de constater que la vie des Missions apparaît jusque dans l'enseignement des sciences sacrées. Ainsi, au cours d'Écriture Sainte, il apprend que les coutumes et les mœurs de l'Orient biblique se retrouvent fréquemment dans les pays de Missions : même solennité dans les discours, même symbolisme dans le langage, même dignité dans les personnes, même politesse dans les salutations, même simplicité de vie patriarcale.

Au cours de Morale, il s'initie aux embarras dans lesquels peuvent se trouver des missionnaires devant certains cas de conscience, comme ceux qui se rapportent aux empêchements de mariage, dans des pays où les liens de parenté ne correspondant pas aux nôtres, suscitent d'étranges complications.

Mais c'est l'enseignement de l'Histoire de l'Église qui se prête le mieux aux digressions missionnaires, parce que, depuis son origine, l'Église n'a pas cessé d'être en marche, portant le flambeau de l'Évangile à tous les peuples de la terre. Et notre jeune aspirant se félicite de voir que sa vocation l'apparente aux saints moines qui ont converti l'Europe. Il sent que son humble existence d'apôtre est appelée aussi à servir de base à l'édifice moral des sociétés humaines en formation dans le monde païen de toutes les latitudes …

… Il devra joindre aux vertus sacerdotales qui feront de lui un saint prêtre, la pratique des vertus qu'on appelle à bon droit « apostoliques » parce qu'elles trouvent leur application la plus continue et la plus entière dans l'exercice de l'apostolat missionnaire.

Et d'abord le zèle.

Le missionnaire doit réaliser cette parole : … être dévoré du zèle de la gloire de Dieu et du salut des âmes (Ps LXVIII).

Le zèle représente par lui-même un état de perfection ; cependant, il faut l'accompagner de modalités qui le garantissent d'excès ou de déficiences.

Il doit être pur et désintéressé. Dans ses travaux, le missionnaire évitera de se rechercher lui-même dans un besoin d'activité trop naturel ou de se laisser guider par des vues d'amour-propre collectif trop humain. Il s'appliquera donc à fortifier en lui l'esprit de foi qui consiste en une conviction profonde et si vive des vérités de la Religion que le missionnaire non seulement est toujours dans la disposition de sacrifier sa vie pour les enseigner à ceux qui les ignorent et pour les confesser par le martyre ; mais qu'il est constamment plus ou moins occupé de ces vérités sacrées.

Il doit être confiant et persévérant.

Le missionnaire ne désespérera jamais de la grâce de Dieu ni pour sa sanctification personnelle, ni pour la conversion des infidèles.

S'il se trouve dans une Mission où les conversions sont peu nombreuses ou même s'il est dans un pays où il y a peu d'espoir de faire accepter l'Évangile avant longtemps, il conservera toute sa confiance dans l'efficacité de son ministère.

Il considérera qu'il peut être dans les desseins de Dieu que des générations de missionnaires apportent à l'évangélisation de certaines contrées leur zèle et leur abnégation pendant longtemps avant que n'apparaissent les fruits de leurs travaux. Il remarquera que s'il n'a pas la satisfaction de voir féconder son apostolat, son zèle n'en sera que plus facilement pur, qu'aucun de ses sacrifices ne sera perdu ni pour la gloire de Dieu, ni pour sa sanctification personnelle, ni pour la conversion des âmes.

Le missionnaire – après le zèle – doit pratiquer la pauvreté : dans son habitation, sa nourriture, ses vêtements, son mobilier, dans les soins de la santé.

Le missionnaire se souviendra, en effet, qu'il est le disciple d'un Maître qui a béatifié la pauvreté et qui l'a pratiquée au point qu'à sa naissance il n'avait pour habitation qu'une étable et pour berceau qu'une crèche et qu'il est mort dépouillé de tout sur une croix.

Il est difficile de déterminer dans la pratique jusqu'où va le nécessaire et où commence le superflu. Pour en juger sainement le missionnaire se souviendra que nous sommes naturellement portés à croire nécessaire ce qui n'est qu'utile, et à avoir plus de désirs que de besoins.

Son habitation sera simple et modeste. Il fera en sorte que sa construction réponde autant que possible aux exigences vraies de l'hygiène et aux besoins réels de ceux qui doivent l'habiter, mais tout ornement, toute recherche d'élégance qui nécessiterait une augmentation de dépenses seront rigoureusement évités. Sa nourriture sera autant que possible saine et suffisamment abondante ; mais il se contentera de ce qui est nécessaire soit dans la qualité, soit dans la quantité et il supportera volontiers les privations inhérentes à la vie apostolique. Dans les Missions il se fera un devoir de se contenter, autant qu'il sera possible, des produits du pays pour leur nourriture sans rien demander à l'Europe.

C'est lorsque ses maîtres ont reconnu en lui un essai sincère de la pratique de ces grandes vertus qu'ils l'autorisent à faire le serment qui le liera pour toujours à leur société et vouera sa vie au salut des païens …

# CHAPITRE III

# L'ARRIVÉE EN MISSION DU JEUNE MISSIONNAIRE

*Le premier travail du jeune missionnaire est l'apprentissage de la langue locale. Nous donnons de larges extraits de ce chapitre, tant pour l'insistance que le père lui donne, que pour ses annotations linguistiques et ethnographique.*

Le premier gage qu'on lui demande de cette intelligente soumission est de se rendre avec empressement à son nouveau poste, ordinairement un séminaire, un collège, une procure, c'est-à-dire une maison où l'on ne fait pas de ministère proprement dit. Le motif de cette affectation est qu'il doit d'abord se mettre à l'étude de la langue indigène avant de se livrer aux occupations paroissiales ; on l'informe en même temps de l'époque où il aura à subir un examen, du succès duquel dépendra son admission aux travaux apostoliques.

Voici donc notre ardent pionnier à l'école, pour quelques mois, et non pas à l'école de ses rêves, puisqu'il se retrouvera dans un milieu presqu'exclusivement européen, alors qu'il a fait tant de chemin pour mêler sa vie à celle des indigènes.

D'aucuns se demandent si cette méthode est la meilleure.

Ne serait-il pas préférable, en effet, que le jeune missionnaire fût envoyé dans une campagne lointaine pour être plus sûrement contraint à se servir de la langue indigène pour ses besoins et son action ? Ne devrait-on pas, du moins, lui ménager un contact permanent avec les éléments de l'extérieur et créer autour de lui une atmosphère d'assimilation progressive du ton des mots, de la musique des phrases ?

Ces raisonnements seraient justes si le missionnaire n'avait besoin d'acquérir qu'une connaissance ordinaire et superficielle de la langue indigène, c'est-à-dire d'exprimer des phrases se rapportant à la vie courante ou à une profession particulière, comme celle de commerçant, de chef d'atelier, de directeur agricole, d'agent des postes, etc.

Mais le missionnaire qui doit s'adapter le plus intimement possible à la vie et à la pensée indigènes afin de préparer plus sûrement la voie à son enseignement religieux et moral, ne peut atteindre ce but s'il n'a de la langue une connaissance approfondie.

On le comprendra sans peine. Son apostolat est d'abord un magistère à l'autorité duquel nuirait un parler défectueux. Il faut que le missionnaire excelle dans l'art de s'exprimer avec chaleur et clarté, avec habileté et conviction ; il doit pouvoir user de toutes les ressources de la dialectique et de la rhétorique de ces peuples, pour donner à ses arguments la force et le charme qui attirent et qui émeuvent.

Il n'aura pas qu'à professer solennellement du haut d'une chaire un enseignement longuement mûri, mais il lui arrivera plus souvent de prêcher sur la « place publique », c'est-à-dire au hasard des visites, des voyages, des rencontres, car toutes les occasions lui seront bonnes pour semer le bon grain et répondre aux objections imprévues ; quelle connaissance approfondie de la langue demanderont ces improvisations !

Souvent les indigènes viendront le visiter dans sa modeste demeure, parfois le soir, très tard, ou le matin, très tôt, pour purifier leur conscience, pour conter leurs ennuis et leurs peines, et lui demander conseil. Comme il lui serait difficile d'aider les humbles aveux, de sonder les lourds secrets, s'il ignorait les délicatesses de la langue, ses demi-mots, ses sous-entendus !

Si le missionnaire ne s'applique pas à étudier avec persévérance la langue écrite, ou à codifier les idiomes qui sont exclusivement « parlés », comment fera-t-il quand il se trouvera dans la nécessité de traduire des recueils de prières ou de cantiques, de composer lui-même des livres d'édification et d'enseignement ?

Enfin il lui arrivera de rencontrer, même dès les premières générations chrétiennes, des hommes qui, visiblement, s'élèvent vers une perfection spirituelle très caractérisée. Aussi leur prière monte-t-elle vers le ciel comme la fumée odorante de l'encens. Les mots exprimant les choses divines ressenties par ces âmes de choix devront venir sans hésitation sur les lèvres du prêtre s'il veut les guider ou partager leur bonheur.

Puisque l'étude de la langue indigène est aussi variée que l'action du missionnaire, aussi longue que sa vie, il importe donc qu'il commence par donner à cette étude des bases solides et c'est le but que ses supérieurs se proposent quand ils placent le nouvel arrivant en face des difficultés théoriques de la grammaire et des textes pendant les premiers mois de son séjour …

Voici un autre exemple de ces difficultés :

Après son examen, notre jeune missionnaire, sûr de la propriété de ses termes, de la correction de ses phrases, essaie d'amorcer une conversation avec un inconnu rencontré dans la rue, mais, à sa grande surprise, il reçoit comme réponse à sa première phrase : « Je ne sais pas le français ». Il s'agit bien de français, soupire notre jeune linguiste, je m'adresse à vous dans votre langue, mon ami, entendez-vous, dans votre langue ! » Et l'indigène reprend avec une douce insistance : « Je ne sais pas le français… » Et il continue son chemin, laissant son interlocuteur navré de la stupidité de ces pauvres gens ou indigné de leur mauvais vouloir. En réalité, que s'est-il passé ? Le jeune Père n'a pu donner, malgré ses efforts, « l'intonation » propre à chacune des syllabes, ou plutôt la « note » sur laquelle les syllabes se chantent à demi et qui indique leur véritable sens.

Expliquons-nous : une syllabe comme « ba » n'exprime pas un animal ou une chose uniquement parce qu'elle est formée des lettres b et a, et qu'elle a une prononciation différente de « ca » ou de « bo » mais parce qu'elle est émise sur une note particulière, ainsi la syllabe « ba » chantée sur la note do exprimera une chose, elle en signifiera une autre sur la note mi, et une troisième sur la note sol ; de sorte qu'on pourra passer du règne végétal au règne animal, ou du monde matériel au monde spirituel pour exprimer sur ces trois notes, avec la même union des lettres b et a, des choses aussi différentes que :

ba (do) racine, ba (mi) serpent, ba (sol) amitié.

On peut s'étonner, pour le dire en passant, que cette difficulté de l'intonation soit si rarement mentionnée dans les livres traitant de questions coloniales et même dans les ouvrages linguistiques. Cependant certains explorateurs n'ont pas manqué de signaler les tamtams parlant et transmetteurs de messages. Cet usage de communiquer à distance n'a pas d'autre explication que la facilité de faire exprimer à une peau de tambour, en la frappant d'une certaine manière, l'intonation musicale des syllabes d'une phrase.

Les Yoroubas de la Nigeria se servent comme jeu de société d'un tamtam parleur qui leur est particulier. L'homme qui utilise ce tamtam a l'habitude de se rendre dans les maisons de son village où l'on célèbre une fête accompagnée d'un repas, par exemple, des funérailles. Il s'approche alors d'un convive de marque. Celui-ci, comprenant ce qu'on lui veut, exprime lentement par une phrase qui comporte souvent une trentaine de syllabes, la qualité des mets qui ont été servis ou encore un éloge du défunt. Le batteur de tamtam l'écoute l'oreille tendue, et enregistre visiblement les sons, puis, quand l'invité a fini de parler, il reproduit, une par une, les intonations de chaque syllabe sous la forme de coups de tamtam très nettement nuancés suivant la gamme du langage. Les circonstances d'actualité auxquelles est toujours emprunté le sujet de ces phrases servent de contexte pour rendre transparent le sens des intonations du tamtam …

Je m'excuse de placer ici le récit d'un baptême assez curieux, que j'eus le bonheur de faire au début de mon séjour au Dahomey :

« Je suis allé à Atchoupa … accompagné d'un de mes meilleurs chrétiens. (Arrivé chez la vieille femme qui a demandé le baptême), je commence à m'enquérir de son âge, de ses infirmités, de sa famille.

Je vais tout te dire, me répond la pauvre femme, ce sera long, mais il faut que tu saches tout, et ses yeux lancent des éclairs du côté de ses enfants et petits-enfants assis à la porte ; tu les vois, reprend-elle, ils sont là aujourd'hui, mais ce n'est pas à cause de moi, c'est à cause de toi, car ils ne viennent ni me soigner, ni me saluer, ou quand ils viennent ici, c'est pour se moquer de moi.

La vieille s'arrêta un peu, elle prit quelques tisons et remit un peu d'ordre dans le feu ; il était presque éteint, comme je vous l'ai dit, il n'en restait que quelques braises qu'on voyait briller de-ci, de-là dans la cendre grise.

Le récit recommença : sa pauvre vie était triste maintenant, aussi triste qu'elle avait été terne ; c'était aussi un feu presque éteint et j'y voyais surtout un tas de cendres ; des jours, tous les mêmes ; jours de récoltes, de semailles, de marché, d'enfantement, où il avait fallu peiner sans être consolée, encouragée ; jours de coups, de jalousie, de luttes entre femmes, oui, tout cela faisait bien de la cendre ; et de la cendre bien uniforme, bien grise. Puis, de temps en temps, elle évoquait des souvenirs plus joyeux, - ou tout à fait douloureux – et il me semblait que c'était des braises lumineuses, ces souvenirs qui étaient restés plus frais.

Cet homme n'est pas mon fils aîné, dit-elle en me désignant l'un des assistants, âgé d'une quarantaine d'années ; mon fils aîné est mort, - c'était une braise qui apparaissait sous la cendre… Je suis faible, infirme, laide, j'ai été jeune, forte et belle … - encore une braise. Je suis seule dans cette case, mais toutes les cases du village (et elles sont nombreuses) sont habitées par quelqu'un de mes enfants… - encore une braise.

Cela dura une grande heure … Je me prépare à donner le Baptême quand la vieille me fit signe : « Pas encore », dit-elle …

« Qu'y a-t-il encore ? » demandai-je à Djan. « Personne n'en sait rien ! Elle veut parler, écoutons-la. »

« Aujourd'hui, commença la vieille, s'adressant à ses enfants, ce sera un grand jour pour moi, puisque je vais devenir l'enfant de Dieu. Comme Dieu me pardonne, je veux vous pardonner, pour que vous puissiez m'aimer, comme je vous aime.

Vous savez tout ce que vous me faites chaque jour, vous savez aussi que je vous renie maintenant et vous rends insulte pour insulte.

« Tout cela va prendre fin aujourd'hui.

« Qu'on apporte de l'eau »

Tiens, pensais-je, eux aussi !

Je demande à Djan : « Quelle eau, de quoi s'agit-il ? » - « C'est une cérémonie pour la réconciliation. » Très intrigué, j'attends ; il s'est fait autour de nous un silence solennel ; la vieille s'est redressée un peu, elle paraît émue, son regard fait le tour du groupe, et descend dans toutes les consciences : elle semble dire : Je te pardonne, et pourtant te rappelles-tu telle et telle vilenie ?

Voici l'eau.

La chère vieille nous prie de sortir tous de sa case. Le jeune homme, qui a apporté l'eau dans une calebasse de la contenance d'un litre, jette cette eau sur le toit de paille de la case, un peu au-dessus de la bordure ; je crois qu'elle va se perdre dans la toiture, mais non, elle coule et le jeune homme tend la calebasse pour recueillir ce qui tombe en gouttière. Les dernières gouttes ont fini de tomber dans la calebasse.

On offre celle-ci à la vieille qui en prend une gorgée, se rince la bouche, et, se tournant vers les cendres du foyer, crache cette eau avec conviction en disant : « Que ma colère contre Facinou (l'un de ses enfants) parte de ce coup. » Elle prend une autre gorgée, puis une troisième jusqu'à sept, et elle crache de la même manière, prononçant, chaque fois, le nom de l'un de ses fils ingrats. Et les ressentiments s'en allaient dans le feu – comme des maudits – bus à jamais par la cendre chaude. Il n'en resta pas un.

Quand tous les enfants eurent été absous, la pauvre vieille me dit : « Apporte maintenant l'eau de Dieu. » Je lui expliquai que c'était aussi une eau de réconciliation, mais que les choses se passaient autrement selon notre rituel …

Il n'est plus tenté de discuter la nécessité d'étudier à fond les langues indigènes, dont il reconnaît les difficultés innombrables et les inépuisables richesses.

Il n'est pas au bout de ses découvertes, qui iront se multipliant au fur et à mesure qu'il sera de plus en plus mêlé à la vie indigène.

Il s'apercevra, par exemple, que ce canotier qui pousse sa pirogue, ce journalier qui bêche son jardin, ce porte-faix qui revient de la gare avec l'une de ses caisses, tous ces hommes du peuple sont capables de « parler » indéfiniment de l'histoire de leur race, de celle de leur famille, des usages et des coutumes de leur pays, des plantes qui guérissent, de celles qui sanctifient, de celles qui donnent la mort, des animaux grands ou petits, bons ou mauvais, des champs ou des forêts. Ils connaissent aussi leur religion, leurs cultes, et toutes les défenses qui règlementent leur vie.

À la Mission, il constatera aussi que tout est « langage », il voit souvent arriver près du supérieur des délégations importantes : de quoi s'agit-il ? ... de palabres...

Ce sont les fidèles qui viennent faire de longs discours pour proposer une modification à la célébration d'une fête ou suggérer un remède à un abus qui s'est glissé dans la communauté chrétienne, ou demander pardon pour une faute collective ou même individuelle.

Enfin dans ce pays, la chose littéraire est fonction du « langage », ce qui veut dire que les chants religieux et guerriers traditionnels, que les récits du folklore, les proverbes, les contes moraux sont en circulation constante dans les masses populaires sous la forme de récits vivants, jalousement gardés. La tâche est tracée pour toute sa vie, il étudiera la langue du pays, quelles que soient ses fonctions ou ses occupations, quels que soient les succès ou les vicissitudes de son apostolat, et quelles que soient la science et l'expérience qu'il aura acquises dans cette langue indigène après de longues années.

# CHAPITRE IV

# PREMIERS PAS DANS LA VIE MISSIONNAIRE LE SOIN DES MALADES

> *Face aux besoins sanitaires de cette époque, le soin des malades était avec l'école un des lieux de la pastorale missionnaire. Le père Aupiais y consacre tout ce chapitre, que nous reprenons en entier ; certes 'les temps ont changé', et rares sont les missionnaires prêtres qui maintenant soignent, mais ce qui demeure, c'est la vision que les Africains se font fort souvent de l'origine de la maladie et que le père a perçue ; cela reste toujours d'actualité et mérite d'être redit et réentendu.*

Le jeune missionnaire ne va pas s'apercevoir immédiatement des déficiences qui caractérisent l'état social des populations au milieu desquelles il passe des jours mêlés de charme et d'étonnement.

Comment les verrait-il ?

Sa connaissance du pays, même après dix-huit mois ou deux ans de séjour, est encore bien superficielle, et autour de lui vit un peuple en apparence heureux : le climat est sans rigueur, la terre est généreuse, on mange à peu près à sa faim, les réjouissances publiques sont nombreuses et le calendrier fétichiste donne de l'intérêt et de la variété à la vie terne et monotone des campagnes. Il remarque que les petits enfants sont entourés de soins, que les vieillards sont respectés, qu'il y a peu de mendiants et pas d'orphelins, et que les femmes, malgré les servitudes de la polygamie, ne se plaignent pas de leur sort.

Mais, toutes les fois qu'il revient d'une visite dans les villages, il en rapporte des visions de maladies, d'infirmités, de plaies qui l'émeuvent profondément, car la pitié pour les misères physiques fait partie de sa vocation. Au séminaire ne lui a-t-on pas appris que la moitié au moins des miracles du Christ avait été fait en faveur des malades ? Il a présents à la mémoire des passages de l'Écriture comme celui-ci : « Jésus, écrit saint Mathieu, parcourait toute la Galilée prêchant l'Évangile du Royaume et guérissant toute langueur et toute infirmité parmi le peuple. »

Si le Maître a montré ainsi la voie, le disciple pourrait-il avoir quelque hésitation sur un devoir qui lui est dicté d'ailleurs par des textes formels ?

Envoyant les 72 disciples, Jésus leur donne, entre autres, le précepte suivant : « En quelque ville que vous entriez, et où vous serez reçus, guérissez les malades qui s'y trouvent et dites-leur : le royaume de Dieu est proche. »

Charité corporelle, charité spirituelle, voilà la mission des Apôtres, et leur désignation sous le nom de Médecine des âmes évoque leur double fonction de guérir les corps et de sauver les âmes.

Mais quand le Christ envoyait ses Messagers à travers le monde en leur disant : « Guérissez les malades, ressuscitez les morts, purifiez les lépreux, chassez les démons », ou bien : « Vous imposerez les mains sur les malades, et ils seront guéris », il leur donnait en même temps le pouvoir de multiplier les miracles autour d'eux.

Les conditions dans lesquelles s'exerce l'apostolat des successeurs des Apôtres ne permettent pas à ceux-ci d'avoir l'espoir d'opérer des prodiges. Mais la charité n'est pas liée au miracle, et les missionnaires de toutes les époques ont compris qu'il suffirait que les malades fussent le Christ lui-même pour ouvrir un dispensaire là où ils bâtissaient une église.

Ils y ont trouvé l'occasion de faire des merveilles à défaut de miracles. « Quand je suis arrivé à Abeokuta (Nigeria) raconte le P. Coquard[6], le missionnaire-médecin bien connu, je commençais par laver des plaies sous un auvent couvert de paille. Ma chambre était mon dispensaire et mon armoire ma pharmacie. J'avais au début trois ou quatre flacons de médicaments et pas de crédit. La Mission elle-même était pauvre et ne m'accordait que de maigres secours.

Cependant, les malades affluaient, il en venait de très loin. Ceux qui ne pouvaient retourner chez eux étaient logés chez nous et chez nos voisins. Un hôpital s'imposait. En 1895 j'en construisis un de 60 pieds de long sur 40 de large, il fut rempli immédiatement. J'étais tellement sollicité par les malades que j'étais obligé de me cacher parfois pour dire mon bréviaire. En 1898, j'érigeais une léproserie. J'eus sept lépreux pour commencer, trois d'entre eux n'avaient ni pieds ni mains, les autres leur mettaient la nourriture dans la bouche.

Un jour le Gouverneur de la Colonie – un docteur en médecine – vint visiter mon petit hôpital, qui était le seul de la grande Nigeria à posséder un dispensaire. De retour à la Résidence, le Gouverneur dit à son entourage : « Je ne suis plus surpris de la popularité du P. Coquard auprès des habitants de la région, il donne aux indigènes, en les soignant, une véritable preuve de l'attachement non moins véritable qu'il a pour eux, et nous, que faisons-nous ? C'est une honte pour notre administration que le premier dispensaire ait été introduit dans la colonie par ce modeste missionnaire, qui est pauvre, et qui n'est pas même docteur. Désormais, il n'en sera plus de même, je ferai venir un chirurgien et des instruments de chirurgie. »

Ce qui fut fait et réalisé d'une manière si parfaite que non seulement l'hôpital du missionnaire fut dépassé mais que les hôpitaux de Lagos (chef-lieu de la Nigeria) rivalisent depuis

---

[6] Jean-Marie Coquard naît en 1859 à Mesquer en Loire-Atlantique. Il est ordonné prêtre aux Missions Africaines en 1890 ; il est nommé à Abeokuta à cette date et y reste jusqu'à son décès le 27 Juin 1933.

longtemps, en perfectionnement de toutes sortes, avec les hôpitaux les plus modernes des grandes villes européennes. »

Pour le R.P. Coquard, il n'en est pas resté à son modeste hôpital de 60 pieds, il a élevé, il y a une trentaine d'années, une importante construction qui est l'un des plus beaux monuments que possèdent les Missions de l'Ouest Africain.

Tous les missionnaires qui s'occupent de soigner les malades ne finissent pas par devenir chirurgiens et par construire un hôpital, l'exemple du P. Coquard n'est pas fréquent. Mais tous les missionnaires commencent par laver les plaies sous un auvent recouvert d'un toit de chaume et, dans des cas innombrables, ils ont montré le chemin aux médecins européens.

Dans ces circonstances et malgré l'insuffisance des ressources dont les missionnaires disposent, leur activité sur ce terrain de la charité ne cesse de s'étendre et de se multiplier comme leurs statistiques le prouvent. Assurément les chiffres impressionnants de malades soignés qu'ils citent dans leurs rapports annuels à la Propagande laissent supposer que les bénéficiaires de ces soins ne sont pas de grands malades au sens strict du mot. Mais ne peut-on admettre que bon nombre de ces personnes ont échappé à une mort probable grâce aux pansements méthodiques empêchant la gangrène ou le tétanos ; que d'autres ont pu être radicalement guéris de la dysenterie, de l'albumine, en suivant le régime indiqué au dispensaire ; qu'un plus grand nombre encore, en recourant aux soins de la Mission, a échappé aux conséquences, souvent néfastes, de l'empirisme indigène ? Si le Père ne peut songer aux opérations compliquées, aux médications savantes, il a du moins fait profiter de son expérience, qui est certaine, une foule de malades.

J'ai connu des missionnaires qui guérissaient des ulcères phagédéniques en faisant prendre des bains prolongés d'eau préalablement bouillie et salée. J'en ai connu d'autres qui, bien avant la médecine contemporaine, avaient découvert que la teinture d'iode, bue en quantité importante, opérait des guérisons remarquables.

Le missionnaire est heureusement secondé dans sa tâche par sa connaissance parfaite de la langue, qui lui permet de pousser le malade dans ses retranchements afin de lui faire détailler les débuts de son mal et donner les caractéristiques de ses souffrances. Il peut ainsi dès le commencement, appliquer les remèdes voulus ; par ailleurs, lorsque sa pharmacie n'est pas suffisamment pourvue, il n'hésite pas à recourir aux remèdes indigènes, beaucoup plus nombreux qu'on ne le croit dans ces pays où les plantes médicinales abondent. Il lui arrive même de laisser certains malades aux médecins indigènes, les tétaniques, par exemple, qui sont guéris par des massages et des exercices d'articulation.

Il ne faudrait pas croire cependant que la vocation du missionnaire se confond avec celle du médecin ; au contraire, celle-ci est exclue par celle-là, puisque le Droit canon interdit la pratique courante de la médecine et de la chirurgie même aux clercs qui seraient diplômés, et, pour ceux qui ne le sont pas, la loi civile intervient à son tour.

Notons cependant que l'Église a accordé maintes fois la permission d'exercer la médecine à des prêtres et que les administrations coloniales sont très tolérantes, quand les missionnaires ouvrent des dispensaires dans les postes reculés de la brousse, dans ces cas elles vont même jusqu'à offrir des médicaments.

Les missionnaires ne sont pas des médecins, répétons-le, en leur qualité de prêtre ils ont d'autres obligations comme l'enseignement religieux, l'administration des sacrements, la visite des malades non pour les soigner, mais pour les consoler et les instruire.

Cependant, ils remplissent encore un autre rôle de charité corporelle envers les populations, en prêtant aux médecins un appui moral plus conforme à l'état sacerdotal que l'exercice de la médecine. On s'imagine facilement en Europe que les médecins blancs n'ont qu'à se présenter aux indigènes pour voir les foules immédiatement recourir à leurs soins ; mais seuls ces praticiens pourraient vous dire leurs désillusions à ce sujet, ils pourraient vous dépeindre leur surprise angoissée quand, sûrs de l'effet d'un vaccin, celui de la variole par exemple, ils voient fuir devant eux des populations entières décimées déjà par cette épidémie. Et que dire des malades dont le traitement a été commencé, que le médecin entoure de ses soins, de ses inquiétudes, comme le ferait une mère, et qui disparaissent un beau jour sans prévenir leur bienfaiteur !

Il est facile d'affirmer de loin que les résultats acquis, les démonstrations opportunes finiront par avoir raison de cette ignorance ou de ces préjugés. Mais le temps passe et la population indigène se contente de n'apporter à l'ambulance que les malades désespérés.

La gratuité des consultations et des médicaments dont on a voulu se servir pour attirer les malades était peut-être contre-indiquée ici, parce que les indigènes qui dépensent beaucoup d'argent pour obtenir les interventions de leurs empiristes, ne sont pas portés à estimer une médication qui ne leur coûte rien, et il est arrivé que des populations assez fières n'ont pas voulu recevoir des vainqueurs ce témoignage de générosité. Je me rappelle que, dans l'un de nos postes, un missionnaire était désolé de constater que les indigènes paraissaient éviter son dispensaire. Pendant qu'il se demandait si ses manières, peut-être un peu brusques, ne contribuaient pas à ce discrédit, son catéchiste lui dit : « Tant que vous n'exigerez pas une petite redevance, on ne viendra pas vous demander des médicaments. »

« Mais je ne puis faire payer mes soins charitables », soupira le malheureux Père. Le catéchiste reprit : « Demandez quelques dons en nature, de l'huile, de la farine, du bois mort, et vous verrez les malades affluer. »

À part des cas particuliers (comme celui qui précède) les indigènes se montrent donc indifférents au bienfait de la médecine européenne quand ils ne sont pas hostiles.

Les médecins et les missionnaires ont cherché les causes de cette résistance : il leur a fallu pour cela pénétrer au plus intime de la vie indigène, et ils ont trouvé des mobiles que notre mentalité européenne ne comprend pas, n'admet pas, mais avec lesquels elle est obligée de compter si elle veut en avoir raison ; encore n'est-il pas bien certain qu'on y arrivera à la première génération.

Ces mobiles sont d'ordre religieux, en général.

Les indigènes voient dans les maladies non pas le signe d'une affection ou de l'affaiblissement de l'organisme, mais la manifestation du courroux de la divinité ou l'intervention d'un sorcier.

Il ne suffira donc pas de soigner le malade, quoique cela soit requis, il faudra combattre le maléfice ou expier la faute commise en faisant les sacrifices exigés par la divinité offensée. Comment irait-on trouver un médecin – le médecin européen – qui ne partage pas ces croyances, qui n'a aucune puissance préternaturelle, en dehors de sa science ou de son expérience ?

D'autre part, le médecin européen use, pour guérir ses malades, d'opérations chirurgicales qui tantôt font l'ablation d'un membre, tantôt découvrent les chairs. Que ne doit-on pas craindre d'un tel homme puisqu'il commet le sacrilège de toucher à l'intégralité du corps qui doit rester inviolé jusqu'au passage de la vie à la mort ?

Les indigènes ne reconnaissent pas à toutes les maladies une origine extérieure, quelques-unes, comme les infirmités consécutives à la vieillesse, ne sont attribuées ni aux sorciers ni aux dieux, ils les regardent comme une conséquence fatale de l'âge à laquelle il serait vain de porter remède, de là cette résignation invincible à la mort et à la maladie des vieillards.

D'ailleurs on ne meurt pas, on « s'en va » dans le pays des morts, que l'on considère vraiment comme un « autre pays », rejoindre les ancêtres de la tribu, ce qui est bien le meilleur sort qui puisse advenir à un homme, quand il a achevé sa course sur la terre.

Aussi entend-on dans certaines régions les parents d'un défunt exprimer cette prière, quand ils veulent, sitôt après le décès, annoncer l'évènement à leurs voisins : « Le Seigneur a visité notre demeure aujourd'hui. Merci, Seigneur. »

Les missionnaires ne sont pas fâchés de retrouver dans leurs fidèles cette soumission à Dieu qui ne manque pas de grandeur.

Ils ne sont pas surpris qu'avec de telles dispositions les chrétiens qui ont chez eux un malade dont l'état s'aggrave subitement, s'empressent de venir appeler le prêtre, et quand celui-ci leur demande pourquoi ils ne sont pas allés d'abord appeler le médecin, ils seront quelque peu scandalisés et répondront pour éviter toute discussion : « Le malade le voulait ainsi », ce qui est vrai.

Un jour j'ai reçu d'un ménage indigène chrétien, qui avait attendu longtemps un héritier, une lettre joyeuse de faire-part pour m'annoncer qu'après 15 ans de mariage, ils venaient d'avoir un bébé. La stérilité étant regardée comme une honte par les femmes noires, on se demande combien de docteurs avaient dû être consultés pour une telle infortune. Voici cependant ce que le mari écrivait : « Nous sommes reconnaissants d'abord envers Dieu du bonheur qui nous arrive, puis nous remercions dans nos prières le prêtre qui nous a mariés, et nous remercions enfin les docteurs qui ont si bien soigné ma femme. »

Ce qui précède n'a pas pour but d'établir une hiérarchie des valeurs en faveur du représentant de la religion, mais de faire comprendre que les indigènes, dans beaucoup de contrées, attachent à l'art médical un sens sacré, parce que pour eux, le médecin, comme le juge, comme le chef, exerce une sorte de sacerdoce inséparable de certains rites dont l'absence va les éloigner du médecin européen.

Je trouve ici la place de dire que cet état d'esprit est en grande partie la cause du succès du dispensaire, pourtant si pauvre, du missionnaire : les soins s'y donnent sous le signe de la prière.

Le missionnaire, nous l'avons vu, n'hésite pas à reconnaître que les plantes médicinales sont très nombreuses dans les régions tropicales et équatoriales. Elles sont surtout employées, il est vrai, à l'état de fébrifuges, d'astringents, de diurétiques, etc.., pour maintenir la santé. Cependant les indigènes y ont découvert des vertus secrètes susceptibles de guérir des maladies graves. Mais ces médicaments dépendent uniquement de certains féticheurs qui les entachent de fausses croyances. Que fera donc le missionnaire quand l'un de ses chrétiens, malade et soigné dans sa famille, le suppliera de ne pas le laisser entre les mains des représentants des fausses religions, les prétendus médecins qui ont été mandés par ses parents pour l'examiner et le traiter ?

S'il cherche à écarter ces derniers de la natte du malade, il expose celui-ci au danger d'être emporté au loin, et s'il le leur confie, il met sa foi chrétienne en péril.

Les missionnaires ne font pas souvent l'aveu des difficultés qu'ils rencontrent dans leur apostolat, à ce seul point de vue du soin des malades. Cette lutte perpétuelle contre des hommes ténébreux qui n'ont aucun respect de la vie humaine, les obligera longtemps à s'occuper de la science médicale, pour y acquérir une certaine expérience du discernement des maladies. Car, dans le cas cité plus haut, comme dans beaucoup d'autres, il leur est impossible de faire transporter les malades de la case familiale à l'hôpital ; il serait encore plus difficile que le docteur pénétrât dans ces milieux. De quelle manière assurer la liaison entre le malade et le médecin, sinon en faisant connaître à celui-ci les symptômes de la maladie et prescrire ou même fournir par lui les médicaments. C'est ce que le missionnaire devra s'appliquer à faire, quand l'expérience et de modestes études médicales lui permettront de guider les suppositions du docteur.

Le terrain médical est, pour bien d'autres cas, le champ clos où s'affrontent la vérité et l'erreur dans ces contrées, en vertu de ce que l'on sait déjà des indigènes, qui sont portés à interpréter les accidents ou les maladies comme des signes de mécontentement des dieux.

Toute maladie d'un converti, tout accident qui lui surviendra seront considérés comme des châtiments de son changement de religion.

Toute guérison obtenue par les soins du missionnaire prendra au contraire une valeur apologétique.

Les lois de l'Église ne permettent pas aux prêtres de parler sans discernement de « miracles », et je ne voudrais pas manquer à mon devoir à ce point de vue, mais il est impossible de ne pas mentionner que nos prières, faute de soins médicaux sérieux, dans des cas particulièrement tragiques, ont obtenu des guérisons inespérées.

Je me souviens qu'à force de lutter contre les préjugés ambiants, des missionnaires avaient réussi à constituer dans une chrétienté naissante leur premier ménage chrétien, pierre angulaire de la future communauté catholique. Ils avaient ostensiblement appelé les bénédictions du Seigneur sur les époux.

La jeune femme négligea d'aller consulter un médecin dans les premiers mois de sa grossesse, et elle était d'une complexion délicate. Quand elle se présenta à la maternité de notre ville, au moment de ses couches, le docteur, constatant sa faiblesse générale, déclara que sa délivrance lui coûterait la vie.

Les parents communiquèrent maladroitement cette condamnation à mort à la pauvre enfant. Ce fut une grande désolation. On m'appela : je me présentai au docteur, qui ne me cacha pas son mécontentement, m'assurant qu'il aurait sauvé cette malade si on la lui avait amenée quinze jours plus tôt.

Comme j'essayais d'excuser ces pauvres gens et comme j'insistais pour lui demander si des moyens énergiques ne pourraient sauver l'enfant et la mère, il me répondit, sans mesurer la portée de ses paroles : « Il faudrait un miracle. » Moi-même j'avoue que je n'attachais pas à ces paroles d'autre signification que celle qu'il n'y avait aucune chance de salut.

Je me rendis auprès de la malade, que je trouvai assise sur son lit, et pleurant doucement : « Pourquoi pleurez-vous ? » - « Le docteur a dit que je mourrai cette nuit en accouchant. » Le père et le mari s'approchèrent alors de moi et me dirent : « Nous vous demandons, mon Père, de vous unir ce soir et demain aux prières que nous ferons ici cette nuit pour notre chère malade. » Ils parlaient avec une telle tranquillité, ils devaient avoir une si grande confiance que je retournai à la Mission me demandant si le miracle dont parlait le docteur n'aurait pas lieu.

Il se produisit en effet, et c'est le médecin lui-même qui m'en donna la nouvelle quand je me présentai à l'hôpital, non pas qu'il y reconnût une intervention surnaturelle, mais il convenait que cette délivrance avait mieux tourné qu'il n'avait pensé.

Cette fois-là notre honneur fut sauf devant les païens du village lointain d'où venaient le jeune homme et la jeune femme.

Mais bien souvent il arrive aussi qu'une mort inattendue, surprenante ou même mystérieuse, vient frapper un converti de marque, une véritable vocation chrétienne, qui avait acheté sa foi au prix de la colère de sa famille, de la privation d'un certain nombre de biens, et de luttes intérieures nombreuses.

Nous nous humilions alors devant les secrets desseins de la Providence et nous pensons que le Christianisme, qui est né dans l'opprobre du Calvaire et dans le sang des persécutions, a besoin de larmes et de sacrifices pour se développer, et, qu'à défaut de martyrs, il lui faut des confesseurs de la Foi : ces belles âmes indigènes qui sont si admirablement chrétiennes.

Une certaine science médicale est nécessaire aux prêtres de tous les pays, quand leur ministère les appelle auprès des mourants, afin de savoir quel sera le moment le plus opportun pour préparer le malade à sa fin prochaine. En Europe, le médecin traitant conseille le prêtre de la famille ; dans les pays de colonies, le missionnaire est livré à ses seules lumières, il est vrai qu'il n'est pas aussi embarrassé que ne le sont les prêtres d'Europe, pour parler de leur préparation à la mort à des moribonds qui y font allusion les premiers, car les indigènes acceptent l'idée de la mort avec une entière résignation.

Cependant les difficultés ne lui manqueront pas, quand il s'agira de donner le baptême à un malade, ou à une malade, qui ne peuvent recevoir ce sacrement que dans le cas d'une mort certaine : des exemples sont nécessaires pour expliquer la situation difficile où se trouvera le missionnaire, s'il ne peut diagnostiquer la guérison ou la mort ! Il convient de rappeler d'abord que le Baptême qui rend justiciable des lois de l'Église, n'est conféré qu'à des hommes qui veulent se conformer à ces lois : un missionnaire ne baptisera pas, par exemple, un homme ou une femme qui vivent sous le régime de la polygamie, que l'Église réprouve d'une manière absolue.

Supposons un missionnaire appelé auprès d'un catéchumène malade ; celui-ci est parfaitement résigné à mourir mais il aspire à recevoir le Baptême auquel il s'est préparé en apprenant le catéchisme, et il exprime son désir par des sentiments admirables de foi et de charité.

Pour le baptiser, il n'y aurait qu'à prendre un peu d'eau que le missionnaire ferait couler sur son front. Quelle tentation pour lui qui n'est venu dans ce pays que pour cela ! Cependant, il lève les yeux et voit plusieurs personnes s'empresser dans la case. Nul doute, ce sont les femmes du malade qui avoue être polygame. Le Père doit donc le mettre dans l'obligation de choisir celle qu'il désire prendre comme seule et légitime épouse. La chose serait peut-être vite faite, mais le missionnaire se demande ce qu'il adviendra de cet engagement pris à un moment de grande dépression physique si, plus tard, le malade se remet. Ses confrères et lui ne se fient pas à des promesses faites dans de telles circonstances. Il ne procédera donc pas au Baptême, si son expérience médicale ne lui permet pas de conclure que ce malade ne pourra plus guérir, et il gémit de subordonner à un diagnostic le salut de cette âme.

Puisque nous avons abordé le sujet de la polygamie, nous verrons que la lutte morale contre ce fléau social va entraîner une fois de plus le missionnaire sur le terrain médical : celui de la puériculture.

La polygamie, au moins celle des pays dits primitifs, ne semble pas avoir pour origine de satisfaire la concupiscence, mais bien d'élever les enfants avec plus de soins, au point de vue « physiologique », ce qui veut dire que les femmes sont moins épouses que mères dans ces pays : on les verra abandonner, ou équivalemment, le domicile conjugal à partir du moment où elles s'aperçoivent qu'elles sont enceintes, jusqu'à celui où leur enfant sera complètement sevré, vers trois ans. Pendant ce temps, elles se consacreront uniquement aux soins réclamés par leur nourrisson. Les femmes indigènes ne peuvent pas croire qu'un enfant puisse être élevé autrement sans danger pour sa vie.

Quelle sera l'attitude générale des jeunes femmes chrétiennes devant cette coutume ? Elles s'y conformeront. Mais les missionnaires s'aperçoivent qu'elles sapent ainsi, dans sa base, l'institution du mariage chrétien, en exposant leurs maris à des faiblesses passagères pendant ce temps de dislocation de leur foyer.

Ils s'aperçoivent aussi qu'au rythme d'un enfant tous les quatre ou cinq ans, les femmes chrétiennes ne donneront pas à leurs maris la joie de voir de nombreux enfants s'asseoir autour de leur table.

Ils s'aperçoivent enfin qu'en se consacrant exclusivement à leurs bébés ces mères les suralimentent jusqu'au gavage, provoquant ainsi des convulsions qui entraînent la mort des pauvres nourrissons. Le souci de la conservation de ces petits êtres, l'espoir de voir s'accroître les familles, le désir de promouvoir la fidélité conjugale vont faire porter l'effort des missionnaires au cœur même de la difficulté : la culture rationnelle du petit enfant qui, sevré en temps voulu, nourri et surveillé selon les meilleures méthodes, fera normalement sa croissance sans porter préjudice à son cadet qui naîtra bientôt, le suivant d'assez près.

Les missionnaires savent qu'en prêchant ces vérités, en répandant parmi leurs fidèles des notions claires et précises de puériculture, ils diminueront le taux de la mortalité infantile et ramèneront les hommes au bercail.

Ils se prépareront aussi une arme contre la polygamie, qui n'est pas prolifique, comme on l'a vu par ce qui précède, mais qui essaie de se légitimer elle-même, avec le prétexte fallacieux de la repopulation. Or, dix femmes chrétiennes constituant dix ménages auront certainement plus d'enfants que dix femmes païennes mariées à un seul homme.

Les missionnaires, qui sont éducateurs par définition, exerceront enfin une action médicale plus efficace que toutes les autres et qui ne leur causera ni ennuis canoniques, ni tracasseries légales, je veux dire : l'enseignement de l'hygiène aux populations.

Cet enseignement ne doit pas être théorique. Mais quel est le colonial qui parcourt à toute heure les rues d'un village, pénètre dans toutes les maisons, comme le fait le missionnaire ? Qui dépistera mieux que lui les fautes contre les lois élémentaires de l'hygiène publique, de l'hygiène privée, et quelle bonne recommandation que celle qui est faite opportunément, c'est-à-dire sur place, dans la langue du pays, et donnée par un homme d'une particulière autorité, puisqu'il est le ministre du Seigneur.

Le missionnaire qui vit au village, qui y fait un séjour de plusieurs années, qui peut faire servir à l'enseignement des uns l'expérience des autres, fera plus de bien dans ses promenades qu'à son dispensaire. Prenons le cas de la destruction des larves de moustiques, qui se tiennent habituellement dans les eaux ménagères. Le missionnaire n'aura pas de peine à déceler leur existence, à expliquer leur métamorphose, à démontrer que les moustiques sont pour un tiers dans les maladies dont ils souffrent. Cette démonstration vaudra mieux évidemment que celle de l'affiche rédigée en français et recommandant en termes scientifiques la lutte contre les stégomyas. J'ai vu des indigènes s'éloigner un jour d'une affiche qu'ils n'avaient pas lue entièrement, mais dont ils avaient considéré les images représentant des moustiques grossis un nombre considérable de fois, je les ai vus s'éloigner branlant la tête et disant : « Pourquoi nous parle-t-on de ces animaux ? Il y a des moustiques chez nous, c'est vrai, mais ils n'atteignent pas cette taille, et les recommandations faites à l'occasion de ceux-ci ne nous regardent pas. »

Les missionnaires rendront un dernier service à la cause de la salubrité publique en favorisant, en encourageant dans leurs écoles les vocations médicales, vocations d'infirmières, d'infirmiers, de sages-femmes, afin de fournir aux médecins européens des auxiliaires intelligents et consciencieux.

Dans certaines colonies, il y a dix, quinze, vingt infirmiers indigènes pour un seul médecin européen, et l'on peut constater que les services intérieurs des ambulances, pharmacie, salles de fiévreux, salles d'opérations, etc.., fonctionnent normalement, lorsque les jeunes gens constituant le personnel subalterne ont reçu une solide éducation religieuse, qui les affermit dans le goût de la discipline, dans l'intelligence de leurs responsabilités, et dans l'attachement à un devoir imposé par le commandement chrétien : Tu aimeras ton prochain comme toi-même.

CHAPITRE V

# L'APOSTOLAT MISSIONNAIRE, FONDATION D'UNE MISSION

*Il est fort rare maintenant de trouver une situation matérielle semblable à celle que le père Aupiais connut, quand il fallait commencer par construire une maison pour se loger, puis un lieu de culte souvent sommaire … Aussi nous ne le reproduisons pas.*

# CHAPITRE VI

## LES VOIES D'ACCÈS

*Ce chapitre que nous reproduisons en entier traite essentiellement du problème de la moralité : pourquoi aller évangéliser si l'on n'a pas besoin d'améliorer les mœurs ?*

Sous quelle influence le missionnaire sera-t-il attiré à son tour vers ses nouveaux amis ?

Assurément par cette sympathie, faite de pitié qui rend son cœur de prêtre sensible à toute infortune physique ou spirituelle, celle de leur corps couvert de plaies, celle de leur âme non régénérée par le Baptême. Mais il est probable qu'il ressentira une autre sympathie, faite d'estime pour les qualités morales qu'il croit découvrir dans les indigènes à mesure qu'il arrive à mieux les connaître.

Il semble paradoxal d'affirmer que cet Européen, chrétien jusqu'aux moelles, prêtre par surcroît, se sente une sorte d'affinité d'ordre moral avec ces paysans africains, avec ces infidèles ! Ce sentiment, cependant, apparaîtra tout naturel si l'on suppose que ces peuples ont des aspirations qui donnent faim et soif de la justice, des principes qui codifient celle-ci, des croyances qui l'étayent, des disciplines qui la guident et des sanctions qui la garantissent.

Partons de ce dernier fait : les Sanctions, et reconnaissons que les fautes contre les mœurs, tels que les vols, les séductions, les coups, les assassinats, l'impiété, le manque de respect aux chefs, sont punis plus rigoureusement chez les indigènes, en général, qu'en aucun pays civilisé.

L'un des principaux motifs, qui a valu à ces populations la réputation de barbares et les a marquées au fer rouge aux yeux des nations européennes, est précisément la répression, souvent impitoyable, des fautes commises ; relisez dans les livres de voyageurs les récits des mutilations, des morts violentes, des tortures les plus variées qui sont communes à tant de tribus africaines : elles ont presque toujours pour cause un manquement à la discipline établie. Cependant ces répressions n'ont été laissées ni à l'arbitraire, ni à l'imprévu ; la punition ou le supplice sont infligés par un justicier officiel et ils sont conformes, dans le détail de leur application, à des usages traditionnels dont l'origine se perd dans la nuit des temps. Ce sont les anciens qui gardent le dépôt de ce code immuable. La fidèle transmission de ce code à travers les âges, son application inflexible seraient impossibles sans une mentalité qui implique le respect des exemples laissés par les irréprochables ancêtres, et la crainte d'invisibles justiciers : les divinités.

On a voulu prétendre que ces punitions étaient une fin au lieu d'être un moyen, et qu'elles assuraient l'observation des lois par la seule crainte qu'elles inspiraient. Une expérience récente, dans un pays civilisé, l'Amérique sèche, démontre que les défenses légales, malgré des sanctions disproportionnées à leur objet, sont par elles-mêmes incapables de diminuer les délits, parfois même elles créent une tendance à les multiplier en leur donnant un certain attrait. Il aurait dû en être de même dans les pays primitifs si les punitions n'avaient éveillé dans les âmes d'autres échos que la crainte et la servilité.

Nous n'avons pas à remonter loin dans notre histoire pour rencontrer des exemples de punitions très répressives et cependant nous ne pouvons nier que les générations qui nous ont précédés nous ont légué un bel héritage de moralité.

Si l'on voulait se servir d'une comparaison, on dirait que ce ne sont pas les murailles fortifiées d'une ville qui produisent dans la cité la vie artisane, familiale, intellectuelle, religieuse, etc.., mais elles rendent cette vie possible par la protection qu'elles lui assurent et, pour construire ces murailles, il a fallu savoir toute la valeur de la vie de la cité, à laquelle il s'agissait de donner la sécurité. Appelons murailles les répressions sévères en usage chez les peuples primitifs, et nous aurons délimité la vaste enceinte où se meuvent les actes moraux de leur vie sociale et de leur vie individuelle.

À ceux qui mettraient en doute la « capacité » morale des indigènes, nous rappellerons que les sociétés humaines sont souvent redevables, pratiquement, de l'intégrité de leur morale aux conditions extérieures de leur existence, la vie de famille, le travail aux champs, la modestie de la condition, qui constituent un climat moral plus fécond que celui de la vie des villes, de l'éloignement des parents, de la richesse. Cela ne veut pas dire que ces conditions constituent elles-mêmes la morale, ni qu'elles sont absolument requises pour sa conservation, mais leur absence suffit souvent à faire abaisser le niveau des mœurs.

Quand un missionnaire affirme que les primitifs ont une moralité parfois remarquable, on est tenté de lui dire : « Qu'allez-vous faire en ce cas en ces pays, si vous n'avez pas à en améliorer les mœurs ? »

L'objection est spécieuse. Je n'userai pas d'habileté pour y répondre. Je dirai simplement : le Christ a prescrit à ses Apôtres d'aller enseigner toutes les nations – de leur porter l'Évangile. Les missionnaires sont les propagateurs de la Foi – à travers le monde. Mais la Foi se définit une certaine participation à la connaissance que Dieu a de Lui-même – c'est une ébauche – imparfaite, hélas ! de la vision qui fera le bonheur des élus.

La Foi est donc un regard porté sur le Christ : Dieu visible, par la vertu de la grâce.

Mériter cette grâce pour un infidèle, ou la recevoir gratuitement suppose *résolu le problème de la moralité* au moins tel qu'il se pose pour lui dans le cadre de la loi naturelle à laquelle il est soumis et sous laquelle il vit de bonne foi.

Ne reste-t-il pas un beau chemin à parcourir, quand une âme est appelée à la perfection évangélique ?

La mettre sur ce chemin qui conduit à l'union au vrai Dieu, n'est-ce point suffisant pour expliquer la présence et l'action des missionnaires. Et ne serait-il point décevant pour eux de ne travailler qu'au relèvement moral de populations avilies dont il faudrait faire des hommes avant d'en faire des chrétiens ?

Nous disions plus haut que l'on trouve souvent chez les primitifs une moralité étonnante. Cette assertion demande quelques précisions. Et d'abord de quels primitifs s'agit-il ici ? Nous voulons parler des peuples qui ont conservé intégralement leurs organisations sociales, religieuses et surtout politiques, c'est-à-dire des populations fétichistes restées homogènes, soumises à un pouvoir, théocratique d'une certaine manière, qui n'ont encore subi aucune influence, soit musulmane, soit prétendue civilisée. Il faut reconnaître que, depuis la conquête européenne, à cause aussi des facilités de communications, et des conditions économiques et sociales qui s'en sont suivies, ces peuples perdent de plus en plus leur identité. Sous ces diverses influences, en effet, les institutions familiales, sociales et royales n'ont pu conserver leur intégrité première, de sorte que, parallèlement à un progrès intellectuel et une amélioration matérielle incontestables, on constate un processus de désagrégation qui influe sur la moralité des individus et crée des mentalités nouvelles dont il n'y a pas toujours lieu de se féliciter.

Essayons à présent de donner quelques caractéristiques de cette moralité.

Les missionnaires constatent d'abord que les indigènes observent fidèlement les lois dites « positives », en se conformant scrupuleusement au code si compliqué chez eux qui prescrit les prières quotidiennes, les jeûnes, les abstinences, ou qui défend le port de certaines parures, la culture de certaines plantes, la chasse de certains animaux, l'usage de certains moyens de locomotion, etc. Cette fidélité dans des choses souvent secondaires, de caractère privé, et dont la violation ne serait pas toujours punie, étonne le missionnaire, car, en sa qualité de directeur de conscience, il la range parmi les manifestations les plus sûres d'une forte éducation de la volonté, acquise en vertu d'une discipline sévère, d'une méthode intelligente et probablement d'une idée supérieure. Grâce à elle, les indigènes évitent facilement les manquements qui trouvent tant de marge entre les extrêmes : je n'ai ni tué ni volé. Le plus surprenant est que cette possession de soi, qui rend maître de tant d'inclinations, n'est pas le fait d'une élite qui se distinguerait de la masse informe des faibles et des lâches, par la fermeté de son caractère ou la délicatesse de son âme. À peu près tous les hommes d'une même tribu auront une attitude identique devant des obligations communes.

Le missionnaire remarquera, à propos de cette uniformité d'attitude dans les individus, que les personnalismes ont tendance à disparaître dans l'organisation de ces sociétés. Tout porte à cet effacement, les indigènes ne possédant en propre ni champ, ni maison, ni salaire… On pourrait craindre que dans cette vie communautaire les individus n'acquièrent aucun coefficient de valeur ; ils s'y fortifient au contraire, comme les anneaux d'une chaîne gagnent en résistance par leur uniformité. Aussi on ne constate que rarement chez ces peuples ces hypertrophies, ces morbidités du moi qui font les individus violents, irascibles, présomptueux, prodigues, avares, etc.

Le missionnaire remarque ensuite que la fidélité à la tradition donne aux populations indigènes une fixité qui leur permet de constituer vraiment un patrimoine moral, accru de génération en génération, parce que les fils recueillent l'expérience des pères à un âge où, dans d'autres pays, ils recommencent fréquemment, pour leur propre compte, et de leur propre autorité, une formation trop souvent accompagnée d'initiatives inconsidérées, d'échecs humiliants ou de fautes déshonorantes.

C'est à ce culte de la tradition que les indigènes doivent cette pondération que les voyageurs ont remarquée même chez les jeunes et qui est l'expression de la sagesse accumulée des générations.

Les missionnaires remarquent enfin que tout ce qui se rapporte aux sens est nettement en relation avec l'œuvre de la chair, en vue d'une propagation légitime de la race. Nous avons vu, au chapitre IV, que les femmes sont plus mères qu'épouses ; les différents âges de la vie, suivant les sexes, se trouvent dans une position analogue vis-à-vis de la procréation, ce qui fera les jeunes filles vierges, les femmes fidèles, les hommes abstinents avant le mariage et au moment de la maternité… Les fautes dites contre nature sont inconnues chez ces primitifs, et le dévêtement a imposé des retenues d'une extrême rigueur.

Cependant cette moralité incontestable, et dont on pourrait citer d'autres aspects, n'a pu empêcher la polygamie, l'esclavage domestique, un nivellement social tyrannique (à notre point de vue européen), la sujétion absolue des enfants à leur père pour le mariage notamment, le droit de vie et de mort exercé par les plus petits chefs, les épreuves du poison, les sacrifices rituels des personnes humaines, etc. Admettons que, dans une certaine mesure, un arrêté administratif puisse suffire pour supprimer, au moins extérieurement, quelques-uns de ces usages. Ces interventions ne peuvent manquer d'entraîner une perturbation réelle dans l'existence des indigènes. Habitués à une conception de la vie, à des institutions pour eux jusque-là respectables, sinon sacrées, mais à présent interdites, par ailleurs, nullement préparés à celles qui leur sont proposées, et qui ne s'embranchent ni sur leurs traditions, ni sur leurs religions, ils demeurent socialement et moralement désemparés devant ces changements subits.

Niera-t-on que le Christianisme avec son autorité doctrinale, ses fortes disciplines, son expérience et sa sûreté de vues ne soit d'une grande utilité pour adapter les indigènes au jeu des institutions nouvelles qui vont brusquement affranchir l'enfant, la jeune fille, la femme, l'esclave, toutes les classes sociales, et pour transformer le service du Roi, le culte des ancêtres, les sévérités tribales, afin de les ramener à leur juste proportion, en leur conservant tout ce qui peut s'y trouver de respectable ?

Cette action « sociale » du christianisme justifie donc encore la présence du missionnaire. Pourquoi craindre que son apologétique, ou son rôle d'éducateur puissent être gênés du fait qu'avant son arrivée il s'est trouvé parmi les indigènes des âmes droites vivant entièrement selon la loi naturelle et en dehors de toute faute grave. Disons plutôt que le missionnaire ne peut que se réjouir de rencontrer de tels états d'âme, et, de même que le Christ remerciait son Père de réserver la révélation des grandes choses aux humbles et aux petits, de même le missionnaire sera ému et consolé de pouvoir annoncer à ces peuples humbles, déshérités et méprisés, la grande nouvelle : « Un Sauveur vous est né. »

Aussi on ne saurait croire comme ces pauvres gens écoutent avec avidité, avec recueillement le messager de l'Évangile, quand on leur fait de longs exposés de la doctrine chrétienne. Je dis bien « avec avidité » car, dans leurs religions qui sont généralement ésotériques, ils ont été privés d'enseignement religieux. Quel émerveillement d'entendre ces claires vérités sur Dieu, la création, le salut, les fins dernières, qui leur apportent les plus consolantes certitudes.

Des fêtes comme celles de Noël deviennent vite populaires. Qu'on ne dise pas que les indigènes sont uniquement séduits par le décor émouvant qui entoure la crèche, cette étoile nouvelle, ces apparitions d'anges, ou encore que cette fête célébrée de nuit va droit au cœur de ces gens toujours épris de mystère et de poésie. Ce qui les émeut surtout c'est l'idée d'un Dieu venu sur la terre. Depuis des millénaires, ils sont à la recherche de l'inconnaissable, et, chaque fois qu'ils ont cru rencontrer la divinité, elle leur est apparue sous l'aspect de figures étranges et souvent cruelles... La pensée d'un Dieu faible et doux comme un enfant les rend familiers, confiants, et cependant les met à genoux dans le respect du divin.

Quand les indigènes ont pu jeter un regard sur la vie intérieure de la religion prêchée par le missionnaire, bien des choses obscures jusqu'alors s'éclairent pour eux. De plus, la sévérité dans les prédications pour tout ce qui concerne la morale, la pudeur, l'honnêteté, la dignité personnelle, les véhéments reproches quand les premiers fidèles se relâchent dans la pratique de la religion, trouvent chez eux un écho sympathique, et cette rigueur du missionnaire sera l'un des principaux motifs pour lesquels ils lui confieront le soin d'élever et d'instruire leurs enfants, même quand ils ne voudront pas qu'ils deviennent chrétiens.

Je croirais volontiers que les indigènes ont un sens aigu du rôle de la sévérité. Ils ont reconnu depuis longtemps que la faiblesse humaine ne peut se passer de contrôle et de sanctions. C'est pourquoi ils considèreront la vigilance des chefs, surtout celle des chefs religieux, comme une sorte de protection providentielle.

Lorsqu'un missionnaire a convoqué l'un de ses fidèles pour lui reprocher sévèrement une faute qui a été en même temps un scandale, il ne sera pas surpris de voir ce chrétien revenir le lendemain le remercier des observations reçues.

Les indigènes apprécient également l'organisation de l'Église qu'ils devinent imposante même dans l'improvisation des chrétientés naissantes. Ils savent que le missionnaire a des chefs nombreux qui lui envoient d'Europe des instructions et des ordres. Celui qu'ils voient le plus souvent, le Vicaire apostolique (l'évêque), est toujours reçu à la Mission avec une grande solennité ; on le salue genou en terre, comme on fait pour le roi.

Le missionnaire lui-même occupe un rang nettement supérieur à ses auxiliaires, ses catéchistes, et ses maîtres d'école ; cette structure solide d'une institution où l'on commande, où l'on obéit, plaît à leur esprit discipliné par des siècles d'obéissance.

L'autorité suprême du prêtre dans le pardon des péchés, sa puissance d'intercession dans le Sacrifice de la Messe, le placent à leurs yeux bien au-dessus des prêtres de leur religion, qui jamais n'ont joué un rôle aussi élevé entre la divinité et les hommes, entre les hommes et la divinité. Ils commencent à entrevoir comme il ferait bon placer sa vie sous la protection d'un tel prêtre, dans le désarroi actuel des esprits, quand les jeunes gens n'obéissent plus aux anciens, quand les femmes abandonnent la maison de leur mari, quand les rois ont perdu leur autorité, les féticheurs leur prestige, les cérémonies leur solennité, les sacrifices leur efficacité, depuis l'arrivée des Blancs.

C'est un lieu commun de parler de la versatilité des populations indigènes, des Noirs en particulier. Ce que nous avons dit de leur attachement à la tradition, de leur forte constitution religieuse, fait présumer que cette versatilité ne se manifeste pas à l'occasion de la conversion. En effet, les Noirs, par exemple, changent difficilement de religion. Il faut pour cela que leur âme soit mise longtemps en état de siège, qu'elle soit attaquée par un ennemi supérieur en nombre, que ses sorties contre l'adversaire tournent en défaite, que le sort des armes indique qu'une volonté supérieure s'oppose à la victoire de l'ancienne croyance. Alors seulement ils cèdent, parce que l'heure d'une nouvelle orientation des esprits paraît marquée par Dieu lui-même qui a permis qu'une nouvelle religion, bien différente de celle du passé, tout à fait inconnue des ancêtres, envoyât ses messagers dans le pays.

Cette religion leur offre du reste des chemins d'accès dans lesquels il est tentant de s'engager.

En général les religions indigènes font vivre leurs adeptes dans une certaine paix, parce qu'elles leur permettent de réparer leurs fautes par des sacrifices, quand ils ne les expient pas par les épreuves ou des maladies. Un païen devrait donc voir venir la mort avec sérénité, dans la certitude de n'avoir pas mérité par une vie coupable les châtiments de l'au-delà.

Cependant l'approche de la mort leur donne parfois une grande inquiétude parce que, dans le pays des morts, leur bonheur, qui consiste à rejoindre les ancêtres, dépend en grande partie de la valeur des sacrifices faits sur leur tombe par leurs descendants. Ceux-ci feront leur devoir assurément, mais de quelle manière, et dans quel état de conscience ? Qu'arrivera-t-il si l'abondance ou les qualités de leurs sacrifices laissent à désirer ? Incertitudes troublantes, et qui ne permettent à personne d'envisager l'existence de l'au-delà avec une tranquillité parfaite.

Et voici que la nouvelle religion, si attrayante déjà par elle-même, et qui paraît si vraie avec sa foi en un Dieu Sauveur mort pour le salut de tous les hommes, offre à tous ceux qui veulent la pratiquer un moyen sûr, un sacrement, le Baptême, qui ouvre au croyant les portes du ciel. Cette considération, avec ce qu'elle comporte de consolant, et la confiance qu'elle engendre devant un mystère redoutable, du moins contribue puissamment à susciter la sympathie des païens si elle ne les conduit pas toujours à la conversion.

# CHAPITRE VII

# LE CATÉCHUMÉNAT

*Ce chapitre présente l'essentiel de la mission : l'annonce de la Bonne Nouvelle du salut en Jésus-Christ. Il décrit l'organisation du catéchuménat d'une part, et d'autre part ses relations avec ses plus proches collaborateurs, les catéchistes. Nous en reproduisons de larges extraits.*

… Le cours de catéchisme est organisé sur le modèle des écoles : un cahier d'appel note les absences, les heures de classe sont réglementaires, l'enseignement méthodique, comportant un programme annuel de leçons qu'il faut apprendre par cœur et dont il faut retenir les commentaires et les applications. Un examen de fin d'année donne droit au passage dans le cours supérieur, si les notes obtenues sont satisfaisantes.

La demande d'admission au catéchuménat constitue une véritable option en faveur de la nouvelle religion, aussi est-elle longuement mûrie, parce que les candidats comprennent qu'elle constitue une démarche décisive, non pas que le missionnaire admettra immédiatement au baptême ce nouvel adepte, mais parce que celui-ci, venant publiquement suivre les cours d'enseignement chrétien, fait implicitement un acte de répudiation de la religion de ses pères.

… Rien n'est plus touchant que de voir ces braves gens, laissant pour un moment leurs travaux coutumiers, venir ponctuellement à ces classes pour lesquelles ils ne paraissent pas faits, et s'efforcer de retenir – en les répétant des dizaines de fois – les demandes et les réponses d'un catéchisme qui est la traduction intégrale d'un catéchisme d'un diocèse de France. Tous et toutes s'efforcent de parcourir dans le temps convenable le cycle des leçons qui correspond au stade où ils se trouvent.

… Quand un village entier des environs demande à être admis au catéchuménat, le missionnaire s'y rend plusieurs fois par semaine à la tombée de la nuit, et la séance de catéchisme a lieu en plein air, devant la case du chef de famille. Tout le monde est là, les petits enfants dans la poussière, les adolescents juchés un peu partout, les jeunes gens et les hommes assis gravement, pendant que les jeunes filles se tiennent à genoux, assises sur les talons, et que les femmes bercent debout leur bébé attaché à leur dos.

… Je ne puis terminer ce chapitre du catéchuménat sans dire un mot des catéchistes.

Le catéchiste est, si l'on veut, le « maître d'école » de l'enseignement religieux.

C'est lui qui apprend la « lettre » au catéchisme. Mais son rôle dépasse de beaucoup cette modeste fonction.

Il est le « guide » du missionnaire dans l'exploration jamais achevée des usages du pays, des coutumes religieuses, des mentalités particulières aux tribus, aux simples villages, aux corporations, parfois aux familles.

Il est son « interprète », non seulement pour traduire l'enseignement religieux dans une langue qui est ordinairement sa langue maternelle, mais pour adapter les arguments de l'apologétique chrétienne à la logique indigène, quand le missionnaire tâtonne encore, non dans l'usage de la langue, mais dans sa littérature ou son éloquence. Il est « l'ami » des mauvais jours, témoin attristé des insuccès de la Mission, des résistances des chefs ou des féticheurs, des chutes de certains néophytes, des abandons des catéchumènes qui renoncent à leur conversion.

Il est aussi le premier associé à la joie des jours de fête, les jours de baptême par exemple, qui sont si consolants pour les missionnaires.

Ce n'est pas à la station principale que le catéchiste donne sa mesure, mais dans les stations secondaires du district, où il est seul pour mener l'action missionnaire : convertir l'opinion par le bon exemple des vertus chrétiennes, par la pratique de la charité au dispensaire, par le bienfait de l'école, par sa patience et sa dignité, par son respect des chefs, et sa serviabilité pour la population. ...

**CHAPITRE VIII**

# LA VIE CHRÉTIENNE

*La perfection de la vie chrétienne ne s'acquiert pas le jour du baptême, et l'expression de la foi et de la vie chrétiennes, plus exubérante qu'en Europe ne veut pas dire manque de profondeur ou hypocrisie. Nous reproduisons de larges extraits de ce chapitre.*

... Parmi les coloniaux eux-mêmes qui, pourtant, voient nos néophytes de près, qui constatent leur belle tenue dans nos églises et ne nient pas leur attachement à la chose religieuse, il en est qui nous disent parfois : « Je crains bien que vous ne perdiez votre temps, ces gens-là ne sont capables que de sorcellerie, vous devriez leur interdire le port des médailles, du scapulaire, du crucifix, qu'ils assimilent à des gris-gris, et vous feriez bien de les priver de l'usage des cierges, de l'eau bénite, qu'ils emploient d'une manière superstitieuse. »

Enfin bien des moralistes croient qu'il faudra des siècles avant que les dogmes et les disciplines du Christianisme transforment réellement l'esprit et les mœurs des indigènes.

Que penser de ces remarques ?

... Les frontières morales nouvellement ouvertes peuvent donc livrer passage à une autre religion que la religion traditionnelle. Cette autre religion, le Christianisme, se présente sans voiles aux populations qui veulent l'étudier de près et qui, bientôt, lui trouvent des attraits que l'ésotérisme leur avait laissé ignorer pour leurs propres cultes.

Leur honnêteté naturelle, la nécessité de prier, le besoin de croire, leur persuasion qu'on n'invoque jamais en vain la divinité et que toutes les croyances atteignent des réalités supraterrestres, les rapprochent d'un homme qui a conquis leur sympathie par une dignité de vie, par une charité qu'il ne peut tenir que de sa religion. Cet homme, le missionnaire, enseigne ce que les indigènes justement désiraient savoir : que l'existence de Dieu est certaine et que Dieu est bon et puissant. Ils apprennent en même temps que la connaissance plus complète de ses attributs, les dispositions nécessaires pour recevoir ses bienfaits, s'acquièrent sur les chemins de l'humilité, du renoncement, de la confiance, sentiments qui conviennent à la modestie de leur état, à la pauvreté de leur vie, à la faiblesse de leurs moyens de défense dans un monde qui leur est hostile.

… On a eu tort de se fier uniquement aux récits de quelques voyageurs superficiels pour croire que l'Afrique Noire n'est vouée qu'à la sorcellerie. La religion des Noirs est une chose, la sorcellerie en est une autre. Les peuples ne vivent pas de magie, mais des croyances qui leur sont nécessaires pour donner des bases à leur moralité et pour entretenir en eux une certaine vie spirituelle.

Il y a en Afrique un culte exagéré des ancêtres, une divinisation erronée des forces de la nature, une croyance superstitieuse aux mauvais esprits, une confiance aveugle dans la divination, mais tout cela n'est pas de la sorcellerie au sens maléfique du mot. Cette dernière est pratiquée aussi, il est vrai, cependant elle n'est pas aussi générale ni aussi fréquente qu'on semble bien le croire.

Mais en dehors de ces pratiques, sous ces scories, dirais-je, il existe une véritable religion dont nous connaissons surtout l'aspect social, parce qu'elle pénètre et met en valeur les diverses institutions et coutumes léguées par les ancêtres. Pour les indigènes, la religion est donc doublement respectable, et l'expérience de tous les jours nous montre avec quelle facilité les nouveaux convertis reportent ce respect et cet attachement aux personnes et aux choses de la religion chrétienne.

Et d'abord aux prêtres ; les nouveaux chrétiens ont pour eux de la vénération ; ils se font d'eux une si haute idée qu'ils n'aiment pas nous voir nous départir d'une attitude générale de recueillement excluant toute conversation qui n'aurait pas la religion pour objet.

On surprendrait bien des Européens en leur disant que les missionnaires sont obligés de garder une dignité plus grande encore que celle à laquelle ils sont tenus dans les pays chrétiens, en raison de leurs fonctions et du costume qui en est le symbole. Ainsi le veulent les fidèles indigènes, témoignant par là du sens profond qu'ils ont de la religion.

Selon eux, le prêtre est un homme qui communique constamment avec la divinité, aussi croient-ils que ses paroles ont la plus grande efficacité quand elles appellent la bénédiction du ciel ; ils aiment ses visites, ils recourent à ses interventions pour la pacification des familles, et nous avons vu plus haut qu'ils s'adressent de préférence à lui pour les soins aux malades.

L'attachement des chrétiens indigènes pour leurs prêtres se manifeste encore au moment des épreuves, quand les sombres maladies des pays chauds font des vides douloureux dans les postes des Missions. Leur sympathie est la plus délicate que l'on puisse imaginer, elle se traduit par des visites discrètes et compatissantes, par un redoublement de vigilance pour qu'aucun évènement fâcheux ne vienne contrister les Pères, et par des demandes de messes pour le missionnaire qui vient de mourir.

Dans nos Missions du Golfe de Guinée, il n'est pas rare d'entendre au prône du dimanche annoncer des messes pour des Pères ou des religieuses dont le décès remonte à vingt ans et plus. C'est par de tels actes de piété que nos chrétiens expriment leur reconnaissance envers ceux qui ont tout sacrifié pour eux. À Porto-Novo, plusieurs centaines de messes ont été demandées par nos paroissiens pour le repos de l'âme de l'un de nos confrères, mort tragiquement à bord du bateau qui le ramenait en

France. Plus nombreuses encore furent les messes célébrées, à la demande de nos fidèles, quand l'un des Pères de la même ville perdit sa mère, morte en France.

Nous pourrions encore parler de la tristesse des départs des missionnaires, ou de la joie de leurs retours qui témoignent combien les chrétiens indigènes sont attachés aux prêtres vivant parmi eux.

Si nous examinons le groupement religieux auquel ils appartiennent, nous voyons que ces mêmes chrétiens donnent la preuve d'un grand esprit de corps, toutes les fois que nous faisons appel à leur dévouement, à leur esprit d'initiative, à leur générosité, par exemple quand il s'agit de faire un acte solennel de religion comme une procession, de collaborer à des travaux manuels, comme le portage des matériaux nécessaires à la construction d'une église, d'une école ou d'une maison pour les missionnaires, ou encore pour venir au secours des pauvres de la localité. L'une de nos communautés chrétiennes du Dahomey avait, avant la guerre, un budget annuel de deux mille francs pour ses Conférences de Saint-Vincent de Paul qui avaient pris à leur charge plus de 80 vieillards non chrétiens.

Enfin, nos chrétiens ne craignent pas de manifester leurs croyances dans la vie publique.

Les Européens qui habitent les colonies en conviennent volontiers : les chrétiens indigènes pratiquent leur religion sans aucun respect humain, sans puérile vanité comme sans ostentation orgueilleuse ; ils iront prier à l'église, ils se découvriront dans la rue au moment de l'Angélus, ils se signeront en sortant pour la première fois de leur maison, ils réciteront leur chapelet en voyage, sur le bateau, en chemin de fer, etc.

Nous aimons que nos chrétiens n'aient pas honte de leur religion, non seulement pour leur propre dignité, car rien ne déshonore davantage un croyant que certaines lâchetés, mais parce qu'ils font preuve d'un sens religieux très profond, encore plus que de courage, en donnant à la religion la place qui lui revient dans leur vie publique.

Nous avons déjà noté dans les chapitres précédents que, en matière religieuse, les indigènes, les Noirs du moins, ne sont pas aussi versatiles qu'on pourrait le croire ; nous avons dit aussi, à propos des catéchistes et des catéchumènes, que les néophytes font volontiers du prosélytisme, qu'ils aiment passionnément les développements dogmatiques et les exposés de l'Écriture Sainte ; nous avons mentionné enfin, leur goût pour les cérémonies liturgiques et la ferveur avec laquelle ils se soumettent aux abstinences et aux jeûnes prescrits par l'Église.

Mais précisément, dira-t-on, les chrétiens indigènes n'aiment-ils pas exagérément cette pratique extérieure des mortifications et des rites, et n'y ajoutent-ils pas trop complaisamment l'usage des sacramentaux, eau bénite, cierges, cendres, etc. comme s'ils retrouvaient la trace de la vie religieuse fétichiste qu'ils viennent de quitter ?

Pour commencer par la première observation, convenons que les indigènes se montrent fort attachés aux cérémonies.

Quel est le sens exact de cette disposition ? Pour l'étudier avec impartialité, considérons-la en dehors du domaine religieux.

Quand je vois un jeune homme, qui rencontre inopinément son grand-père au milieu de la rue, se retirer du groupe où il se trouve, s'avancer vers le vieillard, mettre en terre un genou, puis deux, se prosterner enfin de tout son corps sur le chemin et mettre le front dans la poussière, quelle conclusion tirerai-je de cette scène ? Celle-ci assurément que les vieillards sont respectés ici. Si maintenant j'apprends que cette forme de salutation est d'un usage général dans la contrée, j'en conclurai que les anciens, qui ont établi cette coutume, et les jeunes gens qui l'observent, ont une telle vénération pour la vieillesse et les services rendus ou la sagesse qu'elle représente, qu'ils recourront à des formes excessives de politesse pour lui trouver une expression adéquate.

La présomption est en faveur de cette interprétation.

Pour dire qu'elles sont hypocrites, il faudrait pouvoir établir qu'il y a disproportion entre le sentiment ressenti et son expression. Si celle-ci s'éloigne de la commune mesure, c'est sans doute que celui-là aussi dépasse en intensité la moyenne des sentiments de respect éprouvés pour les vieillards.

Au fond, c'est toute la question du cérémonialisme qui se pose ici et qui n'est pas différente selon qu'il s'agit des dieux ou des hommes respectés presque à l'égal des dieux.

On peut expliquer, au moins pour les Noirs, ce besoin de cérémonialisme par les raisons suivantes : d'abord leur sincérité réelle, la profondeur de leurs sentiments pour tout ce qui concerne le respect dû aux représentants de l'autorité, aux chefs religieux, aux divinités, respect dont tous les voyageurs et tous les missionnaires ont parlé avec étonnement ; ensuite un instinct de réaction contre le réalisme ou de dénuement ambiants qui donnent à un vieillard à peine vêtu, mais en tous points respectable, l'unique aspect d'un corps décrépit ou l'apparence d'un pauvre hère. Nous devons tenir compte aussi du besoin qu'éprouve tout homme d'extérioriser ses sentiments. On voit partout que le langage, même élevé à la hauteur de poésie, de discours ou de chant, ne suffit pas aux hommes pour manifester pleinement leurs sentiments et que, dans tous les temps et dans tous les lieux, ils ont eu recours aux réalisations des arts.

Les primitifs, comme tous les autres peuples, sont doués de ce dynamisme artistique qui devrait les porter à l'architecture, à la sculpture, etc. mais ils n'ont ni les matériaux, ni les techniques et ils font dériver vers la production des gestes rituels ou cérémonieux leur besoin de concrétiser ou plutôt de compléter l'expression de leurs sentiments.

Enfin, nous ne devons pas perdre de vue que les Noirs ont l'esprit communautaire, qu'ils aiment la vie collective et ses manifestations. Les indigènes, en effet, pensent, prient, se réjouissent en commun, unis aux présents et aux absents, aux vivants et aux morts. Cette exubérance vitale se traduit par une forte extériorisation des sentiments, un cérémonialisme riche, table toujours servie où tous viennent prendre place.

Les Européens, qui se montrent si sévères envers les indigènes à ce sujet, ne donnent-ils pas l'exemple d'un certain cérémonialisme dans la vie ordinaire ? Fleurir une tombe, arborer un drapeau, serrer une main, offrir un souvenir, sont à la fidélité, au patriotisme, à l'amitié, à l'affection, ce que des lumières, de l'eau lustrale, de l'encens sont à la divinité. Dans l'un et l'autre cas c'est l'esprit qui vivifie.

Sommes-nous bien sûrs que « l'esprit » soit de notre côté quand nous avons laissé affadir parmi nous tant de belles choses et que notre cérémonialisme apparaît comme désuet au milieu du changement de toutes choses ? Reprocher aux indigènes l'apparence formaliste de leur vie intérieure, dans leur vie religieuse comme dans leurs autres sentiments, n'est-ce pas de l'hypocrisie, de l'injustice ?

… Mais revenons à notre sujet. Que faut-il répondre à cette autre accusation bien plus grave : les nouveaux chrétiens restent, au fond, des fétichistes déguisés ; on le voit bien à l'esprit idolâtre dans lequel ils se servent de l'eau bénite, de l'encens et autres sacramentaux, ils les emploient d'une manière qui choque notre spiritualisme européen, mêlant, par exemple, les cendres du mercredi des Cendres aux médicaments, aux bains qu'ils donnent aux malades.

Il est certain que les indigènes éprouvent le besoin d'un « véhicule » pour leurs prières et qu'ils aiment les transmettre à la divinité à l'aide d'un sacrifice, d'un objet matériel, plutôt que de les lui exprimer directement. Cette tendance de leur esprit n'est pas consécutive au culte des faux dieux, elle est une manifestation de leur goût pour le symbolisme dont ils ont fait une application à leur religion.

… Quelle sera la conduite du missionnaire lorsqu'un de ses néophytes, père de famille, vient le trouver pour lui dire : « Père, dans la religion que j'ai quittée, nous avions une cérémonie pour demander la protection de la divinité contre les esprits mauvais qui rôdent autour des berceaux ; cette cérémonie avait lieu le neuvième mois qui suit la naissance ; je ne songe nullement à l'autoriser dans ma maison devenue chrétienne, mais je viens vous demander de réciter une prière à la même date pour mon enfant. »

Le missionnaire renverra-t-il cet homme en lui reprochant son idolâtrie, ou plutôt ne fera-t-il pas venir à l'église le petit enfant en se disant que les prières pour les enfants ne sont jamais inutiles, surtout en ces pays de mortalité infantile ? Il acceptera même la date de la fin du neuvième mois, dans la pensée bien chrétienne de remercier le Seigneur de l'heureuse délivrance de la mère.

Cet exemple signifie-t-il que la christianisation n'est que la substitution plus ou moins rapide de la vraie religion à la fausse, en ce sens que les fétiches, automatiquement, deviendraient les saints, que les ancêtres se changeraient en élus, que le séjour des morts serait le ciel, la participation aux sacrifices, la communion sacramentelle, etc. ? ... Cette assimilation est monstrueuse et cette substitution est impossible tant à cause de l'élévation et de la piété du christianisme que de la profondeur de ses dogmes, de la beauté de sa liturgie, de la perfection de sa morale, de la splendeur de sa sainteté qui montrent aux nouveaux chrétiens un idéal tout nouveau et leur donnent des aspirations toutes nouvelles.

L'éloignement que les chrétiens ressentent pour le culte fétichiste est l'indice qu'ils ont trouvé la vraie nourriture de leur âme ; les angoisses par lesquelles ils passent au moment de leur conversion montrent que celle-ci est le fruit d'une complète métamorphose.

Pourquoi soupçonnerait-on l'indigène de limiter son christianisme au port de quelques insignes, à la participation à certaines cérémonies religieuses ?

Le vrai christianisme, celui qui est à sa portée immédiate, c'est l'amour de Dieu et de sa gloire, c'est l'horreur du péché, c'est la crainte de l'enfer, le désir du ciel, la soumission à la volonté divine, le sentiment de la présence de Dieu ; le vrai christianisme, c'est l'observance des commandements, le recours à Dieu dans la pauvreté, la maladie, les malheurs, les incertitudes, c'est l'action de grâces pour les faveurs obtenues, c'est l'attachement et la soumission au corps sacerdotal, c'est l'esprit de foi. La perfection chrétienne, c'est la pratique de l'humilité, de la pauvreté, le renoncement à soi.

Non seulement nous voyons éclore toutes ces belles choses dans les âmes indigènes, mais nous constatons que les meilleurs des chrétiens, de simples paysans parfois, parviennent à un recueillement qui est bien près de l'union à Dieu. La grâce divine opère de telles merveilles parce qu'elle rencontre dans beaucoup de ces âmes l'ingénuité et la bonne volonté, la simplicité et le dépouillement de soi qui constituent les conditions les plus favorables à son action.

... Je ne voudrais pas laisser croire que la conversion au christianisme est toujours sincère ou qu'elle est toujours persévérante.

Les Blancs de certaines villes coloniales nous reprochent parfois de mettre en circulation des chrétiens qui ne font pas toujours honneur à leur baptême. Nous convenons que certaines conversions manquent de solidité, par exemple celle des enfants des écoles qui ont reçu de leurs parents païens la permission de se faire chrétiens, mais qui ne sont pas soutenus dans leur foi nouvelle par ces mêmes parents aux heures critiques de leur jeunesse.

D'autres conversions manquent de persévérance : des jeunes gens attirés par l'appât de gros salaires ou par les façons de vivre européennes, quittant famille et village pour se faire une situation. Éloignés de leurs parents, de leurs prêtres, de leurs maîtres qui les gardaient dans le droit chemin, les plus faibles de caractère, exposés à toutes sortes de tentations et entraînés par des fréquentations mauvaises, en arrivent à oublier leurs engagements de chrétiens. Mais toutes ces défaillances sont des exceptions ; c'est la rançon de la faiblesse humaine, et pas n'est besoin d'aller jusqu'en Afrique pour faire de telles constatations.

La vérité est que la masse de nos convertis vit une vie normalement chrétienne, telle que nous l'avons décrite plus haut ;

et le missionnaire se trouve largement récompensé de ses peines et de ses labeurs quand il constate que le troupeau confié à ses soins répond pleinement à la grâce divine et à la confiance que lui-même a placée dès le début dans l'espoir de son salut.

# CHAPITRE IX

# LE CLERGÉ INDIGÈNE

*Quand le père Aupiais rentre en France en 1926, il n'y a encore que deux prêtres africains au Dahomey, pour une population chrétienne de 20.000 fidèles. En 2010, l'Église catholique compte plus de 800 prêtres pour un bon million de chrétiens. Si le père Aupiais présente largement cet aspect de la mission, c'est qu'à son époque, pour bien des raisons, cela n'était pas évident. Les extraits ci-après permettent de saisir sa pensée et son engagement concret sur ce problème.*

… Il y a une trentaine d'années, on osait à peine, en Afrique Noire du moins, prononcer les mots de clergé indigène.

Les missionnaires nourrissaient bien l'espoir de constituer des clergés africains, mais dans un avenir si lointain que cela ne paraissait qu'un beau, trop beau rêve !

Cependant ils n'avaient pu recevoir leur formation missionnaire au séminaire, mener en Afrique leur ardente vie d'apostolat sans avoir compris qu'ils n'étaient dans ces pays que des étrangers et qu'un jour ils devraient céder la place à des autochtones.

L'Église n'avait-elle pas, au cours des siècles, suivi cette pratique de pourvoir au recrutement immédiat du clergé indigène ?

En Afrique même, que de tentatives déjà, après les initiatives de la Mère Javouhey et les instructions du vénérable Libermann, fondateur des Pères du Saint-Esprit, de Mgr Marion de Brésillac, fondateur des Missions Africaines de Lyon, du grand cardinal Lavigerie, fondateur des Pères Blancs !

Il y avait eu des échecs aussi, imputables souvent aux évènements contraires, qui se multipliaient sous les pas des précurseurs.

Les missionnaires restaient perplexes devant cette « inconnue » que représentait l'Afrique.

L'on nous disait si couramment qu'il faudrait des générations et des générations avant de pouvoir constituer un clergé indigène que nous avions fini par le croire de bonne foi.

Les objections d'ailleurs ne manquaient pas ; on pouvait se dire :

Combien seront-ils les élèves noirs qui seront capables de s'adapter à l'enseignement secondaire, aux études de philosophie, de théologie ?

La plupart d'entre eux garderont peut-être de ces années de contrainte des déformations de caractère, des perturbations de l'intelligence qui les rendront inaptes à la vie sereine et perspicace du directeur de conscience.

Dans un pays comme l'Afrique où les parents ont le désir invincible de voir se perpétuer leur descendance et de connaître les enfants de leurs enfants, trouvera-t-on des pères et des mères – même chrétiens – qui renonceront, par leur fils prêtre, à cette consolation ?

Secrètement, l'on se demandait encore comment ces natures africaines se soumettront-elles au célibat ecclésiastique ?

Les populations elles-mêmes aimeraient-elles ces prêtres de chez elles à qui manquerait le prestige qui s'était attaché jusque-là au sacerdoce parce que les missionnaires appartenaient à la race supérieure des Blancs ?

Pratiquement, enfin, où trouver des professeurs parmi les missionnaires qui ne suffisaient pas déjà aux besognes plus urgentes de l'apostolat des masses ?

Sur quel budget prélever l'argent nécessaire pour édifier les séminaires, petits et grands ?

... En 1926, le 28 février, le Pape Pie XI promulguait sa lettre encyclique *Rerum Ecclesiæ* qui, dissipant tous les malentendus, rassurait les timorés, éclairait les incertains et ouvrait une large voie à la bonne volonté, à la générosité des missionnaires.

Voici trois extraits de cette Encyclique qui se rapportent à la nécessité du clergé indigène, à sa formation, à sa dignité, et qui ont leur place naturelle ici.

« 1° *Nécessité du Clergé indigène* – Et maintenant, nous rappelons votre attention sur l'importance du Clergé indigène. Si vous ne travaillez pas de tout votre pouvoir à la création du Clergé indigène, nous estimons que non seulement votre apostolat sera incomplet, mais que vous retardez dans les pays de missions la constitution et l'organisation de l'Église.

Mais nous sommes trop loin encore des progrès qui seraient indispensables.

On n'a peut-être jamais suffisamment réfléchi à la manière dont chez tous les peuples s'est propagé l'Évangile et s'est constituée l'Église de Dieu. Nous y avons fait allusion dans notre Allocution de clôture de l'Exposition Missionnaire où nous faisions remarquer que, d'après les documents les plus anciens de l'histoire chrétienne, les apôtres préposaient à chaque nouvelle communauté de fidèles non pas un clergé importé d'ailleurs mais qu'ils formaient pour cet office des prêtres choisis parmi les naturels de la région.

De ce que le pontife romain vous a confié, ainsi qu'à vos collaborateurs, la mission apostolique de prêcher la vérité chrétienne aux païens, ne concluez point que les prêtres indigènes n'aient pas d'autre raison d'être que d'aider les Missionnaires dans des ministères secondaires et de compléter, d'une certaine manière, leur action.

Car, nous vous le demandons, à quoi tendent les missions sinon à l'institution et à l'organisation de l'Église dans ces régions immenses ? Et comment sera-t-elle constituée chez les païens d'aujourd'hui, si ce n'est par les éléments qui, jadis, l'ont formée dans les pays que nous habitons, c'est-à-dire par le peuple et le clergé et les religieux et les religieuses de chacun de ces pays ?

Pourquoi le clergé indigène serait-il écarté ou empêché de travailler dans le champ qui lui appartient en propre et par droit de nature, c'est-à-dire d'exercer le ministère et d'assumer la conduite du peuple auquel il appartient ?

En outre, pour qu'il vous soit loisible d'aller gagner au Christ d'autres infidèles toujours plus nombreux, ne vous sera- t- il pas extrêmement utile de laisser à des prêtres indigènes des communautés chrétiennes à garder et à faire prospérer ?

Et même pour faire avancer le règne du Christ, les prêtres indigènes seront du plus grand concours, d'un concours qui dépassera toute attente. Car le prêtre indigène, « à cause de sa communauté d'origine, de mentalité, de sentiments, de goût avec ceux qui l'entourent, est apte, étonnamment, à faire pénétrer la foi dans leurs cœurs. Il connaît en effet beaucoup mieux que quiconque comment on peut les amener à persuasion et il se fait souvent ainsi qu'il entre facilement là où le prêtre étranger ne peut mettre le pied. »

Ajoutez encore que les Missionnaires étrangers, à cause de leur connaissance incomplète de la langue, auront souvent des difficultés dans l'expression de leur pensée, ce qui diminue beaucoup la force et l'efficacité de leur prédication.

2° *Formation du Clergé indigène* – Il ne suffit pas que, dans chacune de vos missions, vous ayez le plus grand nombre possible de séminaristes indigènes. Il faut en outre avoir le souci de les éduquer. Il faut avoir le souci de les former à la sainteté qui convient au sacerdoce, à cet esprit d'apostolat et à la sollicitude du salut de leurs frères, au point qu'ils soient prêts à donner leur vie pour les membres de leurs tribus ou de leurs nations.

Il est très important de les instruire de façon ordonnée et méthodique dans les sciences profanes et sacrées et de ne pas se contenter d'une formation abrégée. Il faut au contraire les faire passer par le cours ordinaire des études, afin qu'ils acquièrent une somme suffisante de connaissances.

Et ceux qui, ainsi formés, se distingueront par l'intégrité de leur vie, par leur piété, par leur aptitude au ministère sacré et à l'enseignement des vérités divines, seront honorés par leurs concitoyens, même par ceux de la classe dirigeante et cultivée. Et rien n'empêchera de les placer à la tête des paroisses et des diocèses, lorsque finalement, par la grâce de Dieu, ces paroisses et ces diocèses seront constitués.

3° *Dignité du Clergé indigène* – C'est juger faussement les indigènes que de les considérer comme des hommes d'une race inférieure et d'une intelligence obtuse. Une longue expérience nous apprend en effet que les peuples des régions lointaines de l'Orient et du Midi ne le cèdent pas toujours aux peuples de nos régions et qu'ils peuvent même lutter d'intelligence avec eux. Que si l'on trouve chez les hommes vivant en pleine barbarie une extrême lenteur d'intelligence, la chose est inévitable, puisqu'ils n'emploient cette intelligence que pour pourvoir aux nécessités quotidiennes, très réduites, de leur vie.

Si vous pouvez juger de la vérité de toutes ces choses par vous-mêmes, Vénérables Frères et Fils bien-aimés, nous aussi, nous pouvons en apporter notre témoignage. Car nous avons devant les yeux pour ainsi dire les nombreux indigènes qui, dans les Collèges de la Ville Éternelle, sont instruits et formés en toutes sortes de sciences et nous nous rendons compte que non seulement ils ne sont pas inférieurs aux autres élèves pour la vivacité de l'esprit et les connaissances doctrinales, mais que souvent ils les dépassent et l'emportent sur eux.

Il est une autre raison pour laquelle vous ne pouvez souffrir que les prêtres indigènes soient tenus en quelque sorte en un rang inférieur et voués seulement aux plus humbles ministères. Ne sont-ils pas revêtus du même sacerdoce que vos missionnaires et participants d'un apostolat absolument identique ? Et ne devez-vous pas voir en eux ceux qui doivent un jour gouverner les communautés et les églises que vous aurez fondées par vos travaux et vos sueurs ?

Donc entre les missionnaires européens et les prêtres indigènes, qu'on ne fasse aucune différence et qu'il n'y ait entre les uns et les autres points de distance, mais qu'ils soient unis par un respect commun et une commune charité. ... »

Les méthodes qui ont présidé à la formation intellectuelle des séminaristes ont devancé aussi les directives qui devaient être données par Sa Sainteté Pie XI.

En 1921, l'école primaire de la Mission de Porto-Novo recevait la visite de l'inspecteur général de l'Enseignement public en A.O.F., un universitaire distingué.

Ce haut fonctionnaire s'apprêtait donc à inspecter chacune de nos classes, après avoir contrôlé nos registres et nos livres scolaires.

Le Père, directeur de l'École, se permit de lui faire remarquer qu'il pourrait, s'il le voulait, s'accorder une agréable diversion en délaissant pour un jour le contrôle des livres d'arithmétique et des cahiers de dictées en allant faire passer à des élèves de « première » un examen de littérature française et de version latine.

Des élèves de première ?

« Mais, où cela ? » demanda l'inspecteur général.

Nous le conduisîmes au séminaire de Ouidah, auprès de nos petits séminaristes.

Surpris de rencontrer des élèves qui lui parlaient avec intelligence de nos auteurs classiques, il ne dissimula pas son enchantement qui devint presque de l'admiration quand, mettant de côté le manuel, il posa des questions qui firent exprimer à ces jeunes gens leur sentiment personnel sur tel passage de La Bruyère ou tel personnage de Corneille ou de Racine.

Il constata, à les entendre, que leurs études n'avaient pas seulement enrichi leur mémoire, mais qu'elles avaient formé leur esprit et peut-être leur caractère.

L'un des Supérieurs du séminaire avait déjà essayé de se rendre compte de la valeur intellectuelle de ses élèves en adressant à des Supérieurs de petits séminaires français quelques-unes de leurs copies afin qu'elles fussent comparées à celles des élèves de classes métropolitaines correspondantes.

Les devoirs de nos Africains ne souffriront aucunement de ces rapprochements.

Les missionnaires ne recherchaient pas en cela une satisfaction d'amour-propre. Mais ils voulaient être certains qu'ils donnaient à leurs élèves une formation littéraire en tous points égale à celle que reçoivent les séminaristes en France.

Actuellement, les premiers prêtres indigènes exercent obscurément leur ministère dans des villages de l'intérieur de la colonie. ...

ÉPILOGUE

# RETOURS EN FRANCE

*Cet épilogue parle surtout du retour des missionnaires en congé. Les séjours en mission étant alors plus longs, les congés l'étaient eux aussi ; toute la problématique de ces congés, souvent d'une année entière, a ainsi changé.*

# LA RECONNAISSANCE AFRICAINE[7]

## FRANCIS AUPIAIS : LA FRANCE ET LE DAHOMEY

*Ce terme de « reconnaissance africaine » est lui aussi porteur de toute une histoire, liée pour une part à celle du père Aupiais ; ce chapitre veut essayer de situer les relations du père avec sa patrie, la France d'une part, et la colonie du Dahomey d'autre part. La construction d'une nouvelle église à Porto-Novo nous en donne l'occasion. En 1925, depuis de nombreuses années, le besoin d'une nouvelle église se fait en effet sentir. La chrétienté compte alors quelques cinq mille fidèles et l'ancienne construite en 1877 ne suffit plus. La décision est prise en 1925 et un « comité de l'Œuvre de La Reconnaissance Africaine » se met en place ; voici une partie du texte que ce comité adresse alors aux porto-noviens :*

« L'année dernière à Dakar, Monsieur le Gouverneur Général a posé la première pierre d'une Église qui sera, en même temps qu'une Cathédrale, un Monument aux Soldats Français tombés glorieusement sur les champs de bataille de l'Afrique Occidentale.

L'Œuvre du « **Souvenir Africain** » qui a été établie pour construire cet édifice a reçu en France le plus enthousiaste et le plus généreux accueil et la Cathédrale de Dakar élevée sur l'une

---

[7] in l'Écho des Missions Africaines de Lyon, 25° année, n° 2, Février 1926, p. 25-32.

des plus grandes routes du monde fera bientôt connaître aux peuples les plus éloignés la juste reconnaissance de la Mère Patrie pour ses Enfants : les Héros des Épopées Africaines.

Cependant, l'Œuvre du Souvenir Africain ainsi comprise, n'est pas complète : il lui manque la Part Africaine de la Reconnaissance.

Le moment est peut-être venu où les populations assez éloignées désormais de l'antique barbarie, assez rapprochées néanmoins des guerres libératrices entreprises par la France en leur faveur, pourront élever aux Soldats Français morts pour elles des monuments qui seront l'expression sincère d'une consciente Gratitude.

Nous l'avons pensé, nous qui représentons ici l'élément de la population la plus influencée par les Institutions Européennes.

Nous sommes sur le point de commencer la construction d'une Nouvelle ÉGLISE dans cette Ville de Porto-Novo, qui a été la plus grande bénéficiaire de la Victoire remportée sur les Armées de Béhanzin par les troupes françaises.

C'est à Porto-Novo en outre et dans le Cercle de Porto-Novo que se trouvent les principaux cimetières où reposent les Morts de la Conquête.

L'Église que nous projetons de construire s'élèvera sur l'emplacement même du plus ancien de ces Cimetières.

Dans de telles conditions ne nous est-il pas permis de croire qu'un devoir, un noble devoir s'impose à nous au moment de commencer les travaux de la Nouvelle Église : élever à Porto-Novo à la mémoire de tous les Morts de la Guerre Franco-Dahoméenne : Officiers, Sous-officiers, Marins, Soldats, Tirailleurs, Auxiliaires locaux, un monument qui sera un témoignage durable de la Reconnaissance des habitants de ce pays envers les généreux Soldats de la France. ....

(suivent la description architecturale du projet et la liste des membres de ce comité, avec leurs fonctions ou métiers ; ce sont Xavier Béraud, président, Vincent Sant'Anna, Alberto Vieira, Lucien d'Assomption, Georges Dossou, Christian Olympio,

Alexandre Agboton, Denis Gonsallo, Jean Martin, Achille Béraud, Achille Féraud, Adolphe Paraiso, Arthur Soares, Edouard Zoumenou, Félix Talon, Jean Angelo, Jean Domingo, John Tete, Jammes Campos, Joseph Lawson, Lauriano Manuel ; Louis Payan, Louis Sa, Manuel Da Costa, Maxime Falade, Sébastien Talon, Simplice Gonsallo, Victor Badou.)

> *Est lancé en même temps un bulletin bimensuel appelé lui aussi « La Reconnaissance Africaine », dans lequel paraît le compte-rendu de la bénédiction et de la pose de la première pierre de cette nouvelle église le 1er Novembre 1925. Comme elle doit être construite à l'emplacement du cimetière militaire français, une cérémonie à la mémoire de ces morts va précéder ; après l'absoute par le père Aupiais, le président du comité X. Béraud, témoin oculaire des évènements de la conquête entre 1890 et 1893, alors auxiliaire du gouvernement du Protectorat, prononce un discours en présence du Gouverneur ; en voici quelques extraits :*

« …. C'est le temps de la Grande Guerre … qui a fait germer dans nos cœurs l'idée de témoigner par une œuvre durable notre reconnaissance envers les Soldats de la France.

À la lumière des grands évènements de cette époque, nous avons mieux compris qu'en nous délivrant de l'invasion et de ses pillages, de la captivité et de ses crimes, de la guerre elle-même et de ses sacrifices, les Soldats du Général DODDS étaient devenus les plus grands de nos bienfaiteurs, nos sauveurs.

Nous devons aussi nous souvenir aujourd'hui qu'en envoyant ses Fils combattre dans nos lointaines contrées la France ne poursuivait que le but de rester fidèle aux Traités par lesquelles elle s'était engagée à défendre son Allié, le roi Toffa, de grande mémoire. …

Oui, il est bien juste qu'après trente ans de bienfaits ininterrompus et dont nous leur sommes redevables, nous élevions un Monument aux Glorieux Morts des Champs de bataille de Dogba …

Ce Monument sera la Nouvelle Église dont la première pierre sera bénite ce soir et il est bon qu'il en soit ainsi …

Leur mémoire sera plus facile à conserver dans le recueillement du Sanctuaire …

Puisse cette Œuvre si belle de La Reconnaissance Africaine conquérir les sympathies de tous…

Souvenons-nous tous qu'exalter ces Héros, c'est nous élever nous-mêmes et c'est aussi travailler à la Grandeur de la France. »

(Suivent un discours du président de l'Association des Anciens Combattants, l'Appel aux Morts, un discours du Gouverneur du Dahomey, puis la bénédiction et la pose de la première pierre de la nouvelle église).

Cette célébration appelle quelques *commentaires*. En premier lieu, le père *Aupiais*, même s'il n'a pas lui-même écrit et signé ces textes et discours, était au courant de leur contenu ; il a permis ensuite leur parution dans *La Reconnaissance Africaine*, puis dans *l'Écho des Missions Africaines de Lyon*. Ils n'ont donc pu être écrits et prononcés qu'avec son accord, cautionnant ainsi le rôle *« civilisateur de la France pour le bien de ces populations, dans l'évolution vers le progrès »*. Mais les cautionnait-il vraiment ? Et si oui, jusqu'à quel point ? Jusqu'à quel point connaissait-il aussi l'histoire de la conquête, en fait, une opération militaire politico-commerciale, sous couvert humanitaire et philanthropique : nous ne le savons pas pour le moment.

Mais deux textes contemporains des évènements de cette conquête nous donnent une image différente de celle célébrée par X. Béraud ci-dessus. Le premier est une lettre du père Joseph Pied[8], supérieur de la mission de Porto-Novo ; témoin oculaire,

---

[8] Joseph Pied, né à Nantes en 1848, ordonné pour le diocèse de Nantes en 1871, membre des Missions Africaines en 1872, décédé en mer en 1899.

dans une lettre adressée au directeur du Petit Messager à Nantes le 8 Avril 1889[9], il décrit ainsi les raisons de l'invasion du royaume de Porto-Novo par Abomey et l'attitude du roi *Toffa* pendant cette invasion de 1889 l'année précédant la prise de Cotonou :

*« Depuis une quinzaine de jours, Porto-Novo est sous le coup de la terreur ; la population s'est enfuie. (Les Danxômênu) ont envahi le royaume de Porto-Novo.* (Voici l'origine du conflit : ) *Des canotiers de Porto-Novo ayant tué il y a quelques mois 2 ou 3 sujets du Dahomey, des remontrances avaient été adressées à Toffa qui les reçut avec dédain et envoya à son frère d'Abomey un message insultant. Des excuses avaient été demandées à plusieurs reprises, mais Toffa, comme protégé d'une puissance européenne, se croyant à peu près tout permis, avait constamment refusé d'en faire. On venait donc, à main armée cette fois, lui demander compte de sa conduite. Telle est l'origine de la guerre. ...*

*Le roi se voyant privé de presque tous ses conseillers et de ses meilleurs amis, sachant que c'était à lui qu'on en voulait et se laissant dominer par la peur, finit par perdre courage. Après avoir confié sa cassette et tout ce qu'il avait de précieux au capitaine des tirailleurs, il s'enfuit dans l'après-midi du samedi, au-delà de la lagune sur le territoire anglais. Après avoir mis le feu à sa maison, puisque c'était lui qui était cause de la guerre, il prenait la fuite laissant chacun se débrouiller comme il l'entendait. »*

(Puis tout le monde fuit, et il ne reste que quelques centaines de personnes. Les renforts de troupes françaises débarquent mais sans aller au contact de l'ennemi.)

Le second témoignage est de Crampel[10], un explorateur, de passage à Cotonou au moment de sa prise par l'armée

---

[9] Le Petit Messager est une revue du diocèse de Nantes ; elle est destinée à donner aux fidèles des nouvelles des missionnaires qui en sont originaires ; cette lettre se trouve dans la 11° année, p. 51 et 103.
Le capitaine des tirailleurs est un certain Bertin ; il remplit alors les fonctions d'administrateur par intérim en l'absence du résident.
[10] in Kalck Pierre, *Un explorateur du centre de l'Afrique : Paul Crampel* (1864-1891). Éd. L'Harmattan, Paris, 1993. p. 63-65. Paul Campel, né à

française ; il donne son avis dans une lettre datée du 4 Mai 1890.
Ces lignes sont destinées à la publication, Crampel les envoie à
Paris dans ce dessein à son ami Harry Alis. En voici un extrait :

*« Désirons et demandons que dans cette guerre avec des ennemis
inférieurs, nos soldats, nos officiers montrent les mêmes sentiments que
dans une guerre européenne. Il faut l'avouer, nous ne nous sommes
nullement occupés de mettre moralement les Dahoméens dans leur tort.
C'est nous qui les avons effectivement attaqués. Encore maintenant, ils
respectent celles de nos factoreries abandonnées sans maître sur leur
territoire. Ils doivent nous trouver souverainement injustes,
envahisseurs, promoteurs d'une guerre terrible apportée par nous sur
leur sol qu'ils ont, à leur point de vue, cent fois raison de défendre.
Jusqu'à présent nos succès, qui ont commencé par une surprise, se
terminent par une grande cruauté. Loin de nous l'idée de faire ici des
arguments de sentiment, mais passer à la baïonnette tous les blessés sans
exception, couper les têtes des cadavres pour les envoyer au triste Toffa
notre allié, permettre aux tirailleurs ... de s'acharner sur les corps, ceux
surtout des Amazones, tout cela est inutile pour ne pas dire plus.
La bravoure des nôtres est indiscutable. Pourquoi leur victoire sur un
ennemi brave aussi, les rend-ils féroces ? La responsabilité d'un
gouverneur français, de M. Bayol, est gravement engagée : cela suffit.
Nos commandants de troupes, agents d'exécution, qui ont fait si
héroïquement leur devoir prendraient eux aussi une part de
responsabilité lourde s'ils continuaient à montrer un acharnement
indigne de leur courage ».*

*« ... J'ai vu des gens féroces, les nôtres. Je pourrais vous en dire
long : la fin de ma correspondance est grave de sous-entendus. Les détails
que je vous donne ont de la valeur car ils sont exacts ... Je tiens à
protester autant que possible contre la furie des nôtres. Je ne me
représentais pas ainsi le devoir d'un officier ! J'ai vu et entendu des
choses abominables ! Bayol a une responsabilité d'autant plus écrasante
qu'il a été d'une honteuse lâcheté. ... »*

---

Nancy en 1864, secrétaire de Brazza, assassiné à El Kouti (Centrafrique)
en 1891.

En résumé, nos soldats se sont comportés en *barbares*, sous la responsabilité d'un *lâche*, Bayol, et ceci pour le *triste* Toffa. Nous sommes loin de la « *grande mémoire* » du roi *Toffa*, célébrée par X. Béraud dans son allocution ?

Quelle est la signification de l'expression « *La Reconnaissance Africaine* » ? Le comité porto-novien fait référence à l'œuvre du « **Souvenir Africain** », créé par Mgr. Jalabert, évêque de Dakar, pour élever un monument à la mémoire des soldats – européens, africains - morts sur les champs de bataille de l'Afrique Occidentale. Décidé en 1913, l'édifice, la cathédrale actuelle de Dakar, est terminé en 1927. Mais alors que l'œuvre de Dakar est l'affaire des Européens, le comité de Porto-Novo entend de son côté que la nouvelle église soit la part africaine du « *témoignage durable de la Reconnaissance des habitants de ce Pays envers les généreux Soldats de la France* » et pour « *les trente ans de bienfaits ininterrompus, dont nous leur sommes redevables.* » En plus pour le père *Aupiais* – c'est un aspect de son engagement - c'est aussi reconnaître que les Africains ont une culture (cf. son bulletin *La Reconnaissance Africaine*).

La lecture des noms des membres du *Comité de l'Œuvre de La Reconnaissance Africaine* est alors particulièrement instructive. Il y est mentionné 29 personnes pour 25 noms ; pour douze, ils sont d'origine portugaise, à savoir : *Sant'Anna, Vieira, d'Assomption, Olympio, Gonsallo, Soares, Angelo, Domingo, Campos, Manuel, Da Costa, Paraiso ;* français et anglais pour six : *Lawson, Payan, Beraud, Martin Féraud, Talon ;* et seulement sept d'origine africaine (gun ou fon, et yoruba) : *Dossou, Agboton, Zoumênou, Tete, Sa, Falade* et *Badou.*

Les noms portugais sont portés par des descendants d'esclaves, rapatriés ou évadés du Brésil ; ils ont gardé le nom de leurs maîtres portugais, et l'ont transmis à leurs descendants ; ils ont rapporté avec eux tout un style de vie (logement, cuisine, habillement ...) et le plus souvent la religion catholique. Ils ont débarqué avant l'arrivée des premiers missionnaires sma en plusieurs endroits de cette côte : Ouidah, Lagos, Porto-Novo ... et ont même fondé Agoué. Les missionnaires ont ainsi trouvé des embryons de chrétientés qui demandaient leurs soins : catéchèse et école ; avant le français, l'instruction scolaire se fit donc naturellement en portugais. Dans les cinq noms français, nous relevons deux *Béraud*, tous les deux adjoints principaux des services civils ; mais en 1865, nous trouvons déjà un *Béraud*[11], sans doute leur ancêtre, alors *'gérant de l'agence consulaire de France au Dahomey'*, et qui aurait fait souche sur place ; ce qui est sans doute le cas des autres personnes portant un nom français. Ces gens ont su saisir l'opportunité de l'instruction à l'arrivée des missionnaires et d'obtenir par là de bonnes places surtout dans l'administration ou le commerce. Une trentaine d'années après l'établissement officiel de la colonie, il ne faut donc pas s'étonner de leur nombre dans ce comité. À l'opposé, le petit nombre de noms d'origine locale montre bien le peu d'intérêt accordé alors à l'école par la masse de la population. Nous relevons cependant qu'un de ces noms, Agboton, est un nom de *Lali*, un représentant du roi de Porto-Novo ; quand ils entraient en fonction, ils recevaient un nom nouveau faisant référence au roi, mais non à l'intéressé ; certains de ces *Lali* surent acquérir une bonne situation. Parmi les professions ou métiers signalés, nous trouvons deux maîtres-tailleurs, un maître-charpentier, un maître-ajusteur dans une école d'apprentissage, deux instituteurs ; également quatre commerçants, un agent de maison de commerce, un caissier, un employé de banque ; mais surtout des fonctionnaires (11 au moins car certains autres le sont peut-être aussi !) dans des postes importants et de confiance, comme agent comptable, et surtout 3 interprètes. Ces gens ne pouvaient donc qu'être reconnaissants au père *Aupiais* qui voulait que son école soit une école de qualité, et qui ne comptait pas son temps pour la formation des maîtres. Le résultat de cette politique est la réussite de ses élèves aux examens pour l'admission aux grandes

---

[11] Cf. Gantly Patrick. *Histoire de la Société des Missions Africaines (SMA) 1856-1907*. Paris, Karthala 2009. p. 178-179.

écoles de la colonie, ou à défaut de bonnes places dans le privé. Ces personnes que le père a formées sont parmi celles qui en 1945 vont lui demander de se présenter à la députation à l'Assemblée Constituante et appeler leurs concitoyens à voter pour lui ; par la suite, ils seront, après avoir servi sous la colonisation, les premiers responsables politiques de leur pays.

Le père *Aupiais* voulait aussi la promotion et le respect des cultures africaines ; mais plus encore, avec le bulletin '*La Reconnaissance Africaine*', il donnait aux Africains un outil pour s'exprimer eux-mêmes sur leur culture et la valoriser ; certains y ont écrit des articles de bonne valeur ethnographique, tels Hazoumê, les abbés Kiti et Mouléro. Ce dernier, que nous avons connu dans les années 1960, avait gardé ce souci que nous avons pu partager avec lui. De cela aussi, les porto-noviens lui sont redevables.

Cela n'empêche pas *Aupiais* d'être profondément français ; il ne remet pas en cause le rôle ou la présence de la France au Dahomey de l'époque : d'ailleurs si ce n'était-elle, c'était l'Angleterre ou l'Allemagne, déjà présentes, l'une au Nigéria, l'autre au Togo. Il instaure même à Porto-Novo une fête de Jeanne d'Arc à laquelle il invite toutes les autorités françaises et africaines ; il invite les inspecteurs académiques à visiter ses écoles … Mais en même temps, il demande de changer le regard sur l'Afrique – c'est son '*régionalisme*' - de porter un regard positif bienveillant plutôt que de dénigrement souvent systématique ; Dans le même but, il expédie au Vatican des objets africains pour une exposition missionnaire en 1925 ; puis quand il rentre en congé en 1927, il rapporte un stock d'objets pour une exposition itinérante qui eut beaucoup de succès ; enfin en 1929-1930, il dirige une expédition cinématographie financée par le banquier-mécène Albert Kahn ; le résultat en est le premier film ethnographique. Il faut bien dire que cela était à l'époque hors de la politique communément admise, tant de la part de l'administration civile que de l'Église elle-même. Ce qui va lui attirer des ennuis, surtout du côté du gouvernement français, c'est après son retour, sa dénonciation auprès des instances internationales, comme le BIT à Genève, des abus ou les excès de la colonisation, comme le travail forcé, les réquisitions, les châtiments corporels, les privilèges accordés aux européens... Cela fut terrible dans les territoires de l'Afrique Centrale. Dans ces pays, les leaders politiques, comme Barthélémy Boganda à Bangui[12], en demandent la suppression au nom même des Droits de l'Homme, dont la France se réclame ; ils ne sont pas pour autant anti-français, et au référendum de 1958, B. Boganda ne demande pas l'indépendance de l'Oubangui-Chari, mais seulement que soit reconnu ce droit à l'indépendance. Ces prises de position de la part d'*Aupiais* sont une raison supplémentaire pour les Africains de lui demander de se présenter à la députation.

En résumé, *Aupiais* ne remet pas en cause la colonisation politique ; sur la colonisation culturelle, il va favoriser par le biais de l'école la connaissance de la langue et de la culture françaises, tout en demandant de tenir compte de la culture locale qui d'ailleurs va pouvoir s'exprimer grâce au français. Par contre, ce qu'il n'admet pas et dénonce, ce sont les abus et excès de toutes sortes. En acceptant de devenir député, il entre dans le processus qui aboutira en 1960 aux indépendances, et donc à la fin de la colonisation politique.

Dominique *Aupiais* dans son ouvrage[13] sur son 'oncle' ne peut admettre que son oncle cautionne les raisons de cette « *Reconnaissance africaine* » quand il dit : « *Les Africains, reconnaissants aux Français pour leur propre colonisation, donc la conquête guerrière ... il fallait l'inventer. Les coloniaux l'ont fait.* » Non ! Ce n'est pas le fait des coloniaux, mais bien d'une classe d'Africains. Si l'on se réfère à nos schémas du début du 21ème siècle, on ne peut en effet qu'être choqués, ou penser se trouver en

---

[12] Saulnier P. Le Centrafrique. p. 97-102. L'Harmattan. Paris, 1997.

[13] Dominique Aupiais. Le Révérend père Francis Aupiais (1877-1945). Un humaniste breton pour une reconnaissance africaine. Éd. JFR/Grand Océan (La Réunion), 2006, p. 124.

plein délire ou paradoxe ; mais il faut savoir de quelle colonisation on parle ici. La population 'évoluée', d'origine 'lusitano-brésilienne' ou métisse, voyait de nombreux avantages dans la présence française, au moins sur les plans culturel et économique.

Nous terminons par le témoignage de celui qui se considère comme son 'fils spirituel', Paul Hazoumê, conseiller de l'Union Française ; voici un extrait de son discours prononcé les de la bénédiction de la première pierre du Collège Père *Aupiais* en 1950 à Cotonou, devant Mgr Parisot et le gouverneur ; s'adressant à Mgr Parisot, il dit[14] :

« ... *Vous savez mieux que quiconque ce que cet ancien missionnaire représente parmi nous.*

*C'est lui, certes qui nous a évangélisés durant plus d'un quart de siècle, c'est lui qui s'était attaché à nous instruire, à nous aimer et à nous comprendre.*

*C'est lui qui a appelé de toute l'ardeur de son âme généreuse le règne de la concorde et d'une concorde parfaite entre les Africains et les Européens qui vivent sous ces cieux.*

*Mais ... à la condition expresse que l'un et l'autre se dépouillent de leurs préventions, qu'à la condition aussi qu'un vent de justice, de charité chrétienne souffle dans les méthodes de colonisation.*

*Il a un autre mérite plus grand à nos yeux ... (celui de) la réhabilitation de la race noire vouée aux gémonies par la légende absurde et injuste de notre problématique ascendance chamite.*

*Nous ne saurions jamais assez dire ce que le père Aupiais avait mis dans nos cœurs d'amour du bien, de justice, d'amour enfin de la France et de reconnaissance envers elle.... »*

---

[14] La première pierre du Collège 'Père Aupiais' à Cotonou. Discours de M. Paul Hazoumê ..., in Écho des Missions Africaines 1950, n° 5, p. 5-15. Paul Hazoumê, né en 1890 à Porto-Novo, écrivain et diplomate, considéré comme le fils spirituel du père Aupiais. Décédé à Cotonou en 1980. Son nom indique qu'il avait lui aussi un ascendant *Lali* des rois de Porto-Novo.

# FRÈRES D'ARMES

*Après les textes du père, nous avons pensé qu'il était bon de sélectionner quelques articles sur lui. Nous avons choisi ceux parus dans la revue 'Frères d'Armes'. Cette revue servait de lien entre les grands séminaristes des Missions Africaines à l'armée et ceux résidant à Lyon pour leurs études de théologie. À l'occasion du décès du père au mois de décembre 1945, elle lui consacre en 1946 un numéro spécial.*

*Sur 31 pages, ce numéro comprend :*

- *un éditorial 'Un digne fils de Mgr de Brésillac', qui cite longuement ce fondateur de la société des Missions Africaines,*
- *un long article de 10 pages signé du père Jean-Baptiste Castanchoa[15], « Une grande Âme Missionnaire : Le Très Révérend Père AUPIAIS 1877-1945 ». Nous reprenons cet article dans sa quasi-totalité.*
- *un autre article de 6 pages, signé du père Victor Kern[16], 'La vie ardente du R.P. Aupiais'. Cet article, nous le reprenons aussi dans sa quasi-totalité.*
- *les nombreux 'Hommages de la Métropole'.*

---

[15] Jean-Baptiste Castanchoa est né en 1910 à Jatxou (Pyrénées-Atlantiques), ordonné prêtre en 1935, décédé à Jatxou en 1970.
[16] Victor Kern, né en 1896 à Thanvillé (Bas-Rhin), décédé en 1958 à Saint-Pierre (Bas-Rhin).

- *'Joies et Pleurs sur la Terre Africaine' ; ce sont les réactions de diverses autorités en Afrique. Nous en retenons deux : celle de Mgr Parisot[17], à l'époque vicaire apostolique de Ouidah, et celle d'André Sévry, journaliste et ami du père.*

*Ces témoignages de gens qui l'ont connu à un titre ou un autre, nous permettent de saisir la manière dont était perçu le père Aupiais, tant par ses confrères que par ses supérieurs, et par des civils, européens et africains, et mettent bien en relief des aspects de la personnalité du père.*

---

[17] Louis Parisot, né en 1885 à Brognon (Côte d'Or), ordonné prêtre en 1909, puis vicaire apostolique de Ouidah en 1935 et archevêque de Cotonou en 1955, décédé à Ouidah en 1960.

# UNE GRANDE ÂME MISSIONNAIRE :
## Le Très Révérend Père AUPIAIS
## 1877 – 1945

*Le Père Jean-Baptiste Castanchoa a connu le père Aupiais comme supérieur à Baudonne (près de Bayonne, mais dans les Landes), alors que lui-même y était professeur ; tous les deux partageaient la même passion, l'un de la culture basque, le second de la culture gun de Porto-Novo.*

## PREMIÈRES ANNÉES

C'est dans ce cadre que Francis *Aupiais* vit le jour, le 11 Août 1877 « dans une famille de condition très modeste et honnête », précise M.A.M., son ami d'alors… et de toujours.

Mais laissons la parole à ce témoin des premières années : « le père de Francis, originaire d'une petite commune située au nord de la Loire, près de Savenay, vint en qualité d'ouvrier maçon à St-Père-en-Retz, où il se maria. Trois enfants naquirent de cette union. Francis, l'aîné, fut toujours un charmant garçon, qui souvent aida sa mère dans les petits travaux du ménage. La mort prématurée de son mari laissa Mme *Aupiais* dans une bien triste situation, avec trois enfants en bas âge.

A six ans, Francis fut envoyé par ses parents à l'école des Frères qui venait de s'ouvrir, tandis que je continuais à fréquenter l'école communale. Malgré cela, nous sommes restés unis par les liens d'une vive sympathie.

Étant voisins et du même âge, nous nous revoyions chaque jour, surtout le matin, à l'église, où nous étions enfants de chœur. Puis la classe finie et nos petites occupations familiales expédiées, nous passions nos soirées agréablement à jouer avec quelques camarades… Jeux et courses folles autour des maisons voisines… »

Et déjà cette franchise, cette droiture qui restera un des traits dominants de son caractère : « J'aimais Francis parce qu'il était loyal et franc. Avec lui pas de discordes, jamais de brouilles. Que de journées de soleil ou de pluie nous avons passées ensemble, sans bruit excessif, mais avec la satisfaction de nous trouver réunis et d'être toujours d'accord ! »

Premières études au petit collège de Chauvé, où il entre à dix ans, puis à Guérande et aux Couëts. Le jeune Francis se révèle un élève brillant. Très intelligent, il s'assimile aisément l'enseignement reçu et nous savons, par des témoignages d'anciens condisciples, que ses camarades faisaient souvent cercle autour de lui pour tel renseignement, la solution de telle ou telle difficulté. Mais la science, chez lui, se tourne vite à aimer. Il se passionne déjà pour l'antiquité grecque et latine ; et, cinquante ans plus tard, au cours d'un de ses voyages en Grèce, en contemplant du haut de l'Acropole le paysage chanté par des poètes grecs, il confiait comment, autrefois, sur les bancs du Petit Séminaire, il avait, sans y être obligé, appris par cœur des passages entiers d'Iphigénie en Aulis. Enchantement d'une âme en qui le récit des faits héroïques et surtout le spectacle des âmes sincèrement religieuses éveilleront toujours de profondes émotions.

Et, un beau jour, on apprit sans étonnement que le jeune *Aupiais* entrait « chez les Missionnaires ».

Après un stage de quelques années chez les Pères Blancs, il vint en 1901 au Grand Séminaire des Missions Africaines. Un an plus tard, ayant émis le serment le matin même, il fut ordonné prêtre le 29 juin 1902. Nommé ensuite professeur à l'École Apostolique de Pont-Rousseau, il devait, là comme ailleurs,

« marquer » son passage, pourtant bien bref. Un Père, qui débuta l'année suivante aux Naudières comme élève, me disait récemment : « Oh ! comme nous avons regretté, nous les nouveaux, de n'avoir pas connu le Père *Aupiais* comme professeur ! ... Les anciens en parlaient tellement ! »

Mais il fallait des horizons plus larges à ce jeune missionnaire tout vibrant d'enthousiasme. Aussi est-ce avec une immense joie que, dès 1903, il s'embarque avec plusieurs confrères pour le Dahomey…

## LE DIRECTEUR D'ÉCOLE

Nommé assez vite directeur de la première classe à l'École de la Mission, le Père porta le meilleur de ses efforts sur l'œuvre scolaire. Il avait compris bien vite que l'avenir d'une mission dépend de la bonne organisation et du développement des écoles.

En vrai chef, il s'ingénia à grouper et à former de véritables moniteurs indigènes. Ces jeunes gens, cinq ou six, au début, étaient chargés des petites classes. Il fallait en faire des auxiliaires dévoués, des collaborateurs travaillants tous d'un même cœur à l'œuvre commune. Aussi le Père les réunissait-il à part, le matin, avant l'ouverture des cours, le soir, après le départ des enfants.

Et en avant ! Horaires, rédaction des programmes, cahiers de préparation, enseignement moderne de la gymnastique, discipline en classe et dans les défilés (les élèves s'habitueront plus tard à entrer et à sortir en marchant au pas) ; le Père, de sa voix chaude et persuasive, encourage, éclaire, guide et soutient chacun de ses collaborateurs, leur faisant prendre conscience de leurs responsabilités, les initiant aux meilleures méthodes pédagogiques et leur communiquant la soif d'apprendre toujours davantage, comme aussi le désir de mieux comprendre eux-mêmes les aspirations et les possibilités de l'âme indigène ! ...

Ils ont fait du chemin depuis, les petits moniteurs de ces « temps héroïques » ! ... « À peu près de la même force et voulant arriver, écrit à leur sujet, un confrère qui travailla en ces années avec le Père *Aupiais*, ils faisaient de rapides progrès ; aussi étaient-t-ils toujours les premiers reçus aux examens du Gouvernement, de l'École Normale de Dakar, des P.T.T. ou de la Douane ».

Faut-il citer tel instituteur dahoméen, auteur de plusieurs ouvrages d'ethnographie, correspondant et lauréat de l'Académie des Sciences Coloniales, le cher Paul Hazoumê, que le Père aima comme un vrai fils spirituel ? Paul était le « boy » de la mission en 1904 et s'il a connu depuis les honneurs, il n'oublie pas « le Maître vénéré de son enfance » qui lui fit faire ses premiers pas dans la carrière littéraire.

## LE MAITRE D'UNE JEUNESSE

Elle est touchante l'admiration que les élèves du Père ont toujours témoignée à leur « Padi Oga » et on ne peut lire sans émotion le récit de l'accueil enthousiaste qu'eux et toute la population de Porto-Novo devaient réserver au R.P. *Aupiais*, lorsque, en janvier 1930, Provincial déjà depuis deux ans, il revint dans son cher Dahomey visiter le Vicariat et tourner un film ethnographique et religieux.

Ces anciens jeunes gens, comme la plupart des « évolués », avaient mis ce jour-là leurs magnifiques pagnes multicolores, car ils savaient combien le Père aimait à les voir revêtus de leur costume national et fidèles à leurs traditions ancestrales, dans ce qu'elles ont de compatible avec le christianisme.

Voici en quels termes un des membres de la Jeunesse Catholique de Porto-Novo saluait le Père lors d'une réception officielle à la Mission :

« Voilà seulement quelques mois, notre cœur était tout à la joie à la nouvelle de votre arrivée. Et qui nous observait au débarcadère, le dimanche 5 janvier, devinait aussitôt nos sentiments les plus purs à l'endroit de celui que nous attendions : un chef ; plus qu'un chef, un Père ; mieux : un bienfaiteur ; mieux encore une Providence… car le Père *Aupiais* a été tout cela pour ses paroissiens de Porto-Novo et plus particulièrement pour nous, ses jeunes privilégiés ».

Simples paroles d'un compliment ordinaire ? Non, car innombrables sont les marques de l'attachement sincère que ses amis, les Noirs, ont toujours voué à cet homme de Dieu. Et je suis sûr qu'ils traduisaient les sentiments de tous, ces mots que prononçait un autre Noir dans les mêmes circonstances :

« …Quand, dans les sentiers de nos campagnes, on apercevait, à travers les feuilles de palmiers, la silhouette d'un Blanc, courbé sur une bicyclette, sous la pluie ou aux heures les plus chaudes de la journée, on pouvait affirmer, sans crainte de démenti, que c'était le « Padi-Oga », le Père Supérieur qui allait visiter les catéchumènes de la banlieue… Servi par une merveilleuse intelligence, vous avez pénétré nos coutumes et nos mœurs, notre âme même. Et vous y avez vu les qualités dont Dieu l'a embellie… le spiritualisme qui y est caché ». Et toujours cet hommage au maître de l'école : « Ils ne se comptent plus, vos élèves. Mais on les reconnaît tous, à ce qu'ils associent l'amour de la France et de leur devoir à celui de leur Religion ».

Cependant, tout en laissant à Dieu le soin d'apprécier les mérites des ouvriers de sa Vigne, comment ne pas être frappé par l'ardeur toute particulière, la manière si originale dont le Père *Aupiais*, devenu en 1919 Supérieur de la Mission de Porto-Novo et Vicaire Général de Monseigneur, sut former et encourager de toute sa délicate compréhension quelques-unes de ces élites noires dont plusieurs occupent déjà des postes importants à la Colonie ou dans la Métropole et qui gardent toujours la même vénération envers le Maître de leur jeunesse.


## LA RECONNAISSANCE AFRICAINE


Avec ses jeunes, le Père fonda, le 15 Août 1925, une revue, « *La Reconnaissance Africaine* » qui, mis à part le Directeur en chef, était rédigée et même, dans ses débuts, imprimée par une équipe de Noirs authentiques, dont la plupart n'avaient jamais quitté le Dahomey.

Dans une interview qu'un journal de l'époque, « Le Petit Marseillais », obtenait du Père *Aupiais* à son retour de France, en 1926, le Père déclarait :

« Notre programme est de faire connaître les religions fétichistes, les coutumes du pays et tout ce qui se rapporte à l'histoire locale... de prouver que les indigènes possèdent un grand fond de sentiments et d'idéal élevés... »

Initiative hardie. Le Père ne se dissimulait pas que telle de ses affirmations allait paraître exagérée... Il savait aussi que d'entreprendre une telle « croisade » pouvait éveiller des oppositions, parfois bien compréhensibles, et qu'à vouloir bousculer quelque peu les idées courantes sur les « peuples sauvages » et leur grossier matérialisme, il risquait de déchaîner des polémiques passionnées. Mais la lutte, la belle lutte des idées, n'était pas pour déplaire à son tempérament de Breton hérité des *Aupiais*.

Il lui suffisait de constater que sa position était vue avec sympathie jusque dans les hautes sphères du Vatican. Le grand Pape des Missions, Sa Sainteté Pie XI, n'a-t-il pas daigné en effet s'intéresser à « ses idées », comme nous le révèle cet extrait d'une lettre de son Éminence le Cardinal Gasparri, en date du 25 avril 1928 :

« Le Souverain Pontife a agréé avec une bienveillance particulière l'hommage que vous lui avez fait, du recueil de la « Reconnaissance Africaine ». Sa Sainteté vous en remercie de cœur et vous exprime ses paternelles félicitations pour l'heureuse initiative qui ne peut qu'être, avec d'autres avantages, un écho de la bonne nouvelle parmi vos populations ».

Et le Père rappelait toujours, avec émotion la parole qu'il entendit de la bouche même du Pape, en cette même audience privée de l'année 1928 : « Ces populations sont des populations d'or. Dites bien à vos Africains que je les aime pour ce qu'ils sont ».

# LE CURÉ DE PORTO-NOVO

Mais n'allons pas croire que pour son œuvre scolaire, le Père *Aupiais* ait négligé en rien son ministère paroissial et missionnaire. Doué d'une santé exceptionnelle et d'une volonté de fer, il fut l'homme à mener de front les activités les plus diverses, tout en se donnant à chacune d'elles avec la même générosité et sans jamais se disperser.

Aidé d'un ou plusieurs confrères, il « administre » sa vaste paroisse de Porto-Novo (la ville comptait dans les 30.000 habitants), payant largement de sa personne pour toutes les œuvres que comporte nécessairement un « district » où, à son départ, il y avait 13 églises et chapelles, 5.000 catholiques et un millier de catéchumènes, une grande école de plus d'un millier d'élèves, sans oublier les 13 stations secondaires à visiter et à évangéliser ; car là aussi néophytes et catéchumènes attendent impatiemment la visite et les soins du Missionnaire.

Je ne puis songer à décrire ni même à résumer les multiples activités de la vie missionnaire du « curé » de Porto-Novo. Voici plutôt deux faits qui montrent un des aspects de cette vie si remplie et qui sont bien dans la « manière » du Père *Aupiais* :

« Aujourd'hui, lisons-nous dans une lettre écrite à sa maman en 1925, nous avons une fête bien solennelle… J'ai célébré une grande « Fête des Mariages » : 9 d'un seul coup… À vrai dire ce ne sont pas des jeunes mariés, puisqu'il s'agit de la régularisation d'unions illégitimes qui datent de 10, 15 ou 20 ans… »

On peut trouver l'aventure un peu étrange : un Missionnaire qui célèbre en grande pompe le mariage de pauvres chrétiens, déjà infidèles une première fois à leurs serments les plus sacrés… Mais, dans un pays où l'un des principaux obstacles à la conversion des païens et, hélas ! à la persévérance des néophytes est la polygamie, le Père a compris que, précisément pour donner une idée plus forte du Sacrement du Mariage, pour ramener plus aisément les chrétiens retombés dans la polygamie, il fallait frapper les imaginations et entourer d'une solennité toute particulière et de grandes démonstrations de joie dans la communauté chrétienne la réconciliation de ces vieux pécheurs avec Dieu et la morale chrétienne.

Et voilà instituée cette « Fête des Mariages » avec toute une préparation sérieuse (retraite de trois jours) et un cortège de réjouissances populaires (tam-tam, danses, etc.), fête qui surprendrait sans doute plus d'un prêtre de France… ; mais pour des yeux et des âmes indigènes si avides de cérémonialisme, quelle éloquente transposition de la parabole de l'Enfant prodigue !

L'autre fait m'a été révélé également par une lettre du Père à sa maman, datée du mois de mai (1925 sans doute, car l'en-tête ne porte pas mention de l'année). Le voici rapidement résumé :

La France vient de déclarer fête nationale la solennité de Sainte Jeanne d'Arc. Quelle magnifique occasion pour un Père *Aupiais* de montrer aux Noirs l'héroïne nationale sous son vrai jour de Libératrice de la Patrie. Il faut faire les choses en grand… On organisera une belle « leçon de choses ».

Hélas ! dans les cercles officiels de la Colonie, on semble plutôt embarrassé… manque de crédits, peur de se compromettre ? ... D'autant plus que le Gouverneur doit rentrer en France 3 jours avant la fête.

Qu'à cela ne tienne. « Je me charge d'organiser une fête de première classe », déclare le Père aux Autorités qu'il invite officiellement. « Très bien, très bien, mon Père. Nous viendrons. Mais nous sommes au 5 mai et la fête tombe le 8… »

Le Père élabore à la hâte un programme que les jeunes imprimeurs noirs tirent à leurs frais à plusieurs centaines d'exemplaires. Puis un ami ayant mis son auto à sa disposition, il s'en va solennellement inviter les chefs politiques et religieux de la ville. Princes et chefs de quartier sont priés de se rendre chez le roi. Là, long palabre : le Père, d'abord au milieu d'un silence poli, unis dans l'enthousiasme de tous, explique pourquoi les Français ont institué une deuxième fête nationale… Qu'ils la trouvaient belle, cette histoire miraculeuse d'une jeune fille conduisant les soldats français à la victoire avec le secours de Dieu ».

Voilà pour les païens et les catholiques. Mais les protestants, mais les musulmans ? ... Et bien, ils assisteront eux aussi à la Fête. Et le Père, sans sourciller, s'en va inviter avec la même chaleur les vénérables Marabouts et les Pasteurs de la ville. « Accueil chaleureux ». Tout ce monde lui promet de venir avec de nombreux coreligionnaires.

Et voilà comment, en ce 8 mai 1925, par une « journée resplendissante de soleil », catholiques blancs et noirs, protestants, musulmans, païens, tout un peuple de plusieurs milliers de personnes se trouve réuni sous la houlette d'un Missionnaire pour acclamer la Sainte de la Patrie.

Le matin, messe solennelle, panégyrique, chants. L'après-midi, cortège à travers la ville pavoisée, sur un long parcours de deux kilomètres.

Monsieur le Gouverneur intérimaire, la plupart des européens sont là. Le roi lui aussi est là, « venu en grand gala, dans un hamac de luxe, abrité du soleil par 5 ou 6 ombrelles en soie de couleur voyante ». Les clairons et les « gymnastes » en tenue ouvrent la marche. Et Jeanne d'Arc, une jeune négresse qui « s'est composé un visage de sainte, recueillie à souhait » avance sur son cheval, tenant bien haut son oriflamme.

Comment décrire « les explosions de joie et presque de piété de cette foule qui a vite fait de rompre les rangs et de se précipiter autour du cheval de la Sainte ! ... La pauvre petite Jeanne d'Arc, ajoute le Père *Aupiais*, était noyée dans les remous de cette foule délirante ».

Naturellement, quand le cortège est parvenu sur une vaste place, le Père, qui jusque-là a circulé « en automobile fleurie » pour diriger le mouvement, y va de son improvisation enflammée, tandis qu'un interprète traduit ses paroles au fur et à mesure. « Jamais, a-t-il dit, je n'ai eu un si bel auditoire ! »

Ce qu'il ne nous dit pas, c'est que par-delà ces manifestations grandioses, son cœur de prêtre et d'apôtre recherchait, non pas une popularité personnelle aussi vaine que dangereuse, mais un moyen d'atteindre les âmes. Car le même Père qui en ce jour s'imposait un travail de géant pour mettre sur pied une « fête de 1ère classe », le lendemain, après une bien courte nuit, était le premier debout pour continuer son ministère proprement sacerdotal et aller peut-être, « courbé sur sa bicyclette », vers quelque station secondaire, à la recherche des brebis errantes…

À la vérité, lorsqu'en octobre 1926, le Père *Aupiais* quittait son cher Porto-Novo pour un congé en France, qu'il espérait de courte durée, il pouvait partir l'âme en paix : il avait donné déjà toute sa mesure de véritable missionnaire du Christ !

# EN EUROPE 1926-1945

« Les travaux de l'Église avancent, mais il faut de l'argent, beaucoup d'argent ! ... Je ne rentre que pour quêter ; prévenez les parents et les amis que je leur demanderai la bourse ou la vie ! » écrivait le Père *Aupiais* à sa famille, quelques mois avant son retour.

Sous les auspices de sa Revue, le Père en effet a entrepris la construction d'une grande église, l'Église de la « Reconnaissance Africaine », élevée à la mémoire des militaires et civils français, artisans glorieux ou obscurs de la pacification du Dahomey. Hélas ! Au fur et à mesure que les murs sortaient de terre, la caisse se vidait et il fallait songer à trouver en France les ressources nécessaires à l'achèvement de l'œuvre.

Et en même temps, le Père poursuivait un autre but ; riche d'une longue expérience de vingt-trois années, passées au milieu d'un peuple « primitif » dont il avait su pénétrer la vie intime, il se proposait, au moyen d'une exposition d'art dahoméen, de faire connaître les étonnantes ressources intellectuelles et morales de ses chers Noirs.

Et le voilà débarquant à Marseille, avec un chargement de … 29 caisses, dans lesquelles les douaniers, méfiants comme de juste, sont tout étonnés de ne découvrir qu'une invraisemblable collection de calebasses, de fétiches, d'étoffes, d'articles indigènes les plus bizarres… « Ce sont, explique le Père, des objets d'art destinés à une grande exposition. »

« Grande Exposition. » Et en effet, après plusieurs mois de préparatifs, de visites, de palabres et après une visite-éclair à sa famille, qu'il n'a pas revue depuis 1919, le Père *Aupiais* commence en février 1927 une série d'expositions à travers la France et la Belgique.

Paris, Nantes, Marseille, Lyon, La Rochelle, Roubaix, Orléans, Toulouse, Nancy, Lisieux, Bruxelles, Louvain… voilà quelques-unes des étapes de ces étonnantes tournées que même des personnages officiels viennent visiter, voire inaugurer (tel le Ministre des Colonies à Paris, et le Ministre de l'Instruction publique à La Rochelle…). Et comme la presse de toutes nuances assure une large diffusion à l'entreprise du Père, on peut, selon une note parue dans les journaux de l'époque, « évaluer à plusieurs millions le nombre de ceux qui ont entendu vanter les talents artistiques et – conjointement – le niveau intellectuel des indigènes de l'Afrique ».

Ajoutons les conférences, causeries et articles que, d'un peu partout, on demande au Père (même à la radio, et au Bureau International du Travail…). Et ainsi commence pour le Père *Aupiais* une nouvelle vie qui sans qu'il s'en doute lui-même, se prolongera bien au-delà d'un simple « congé » en France et le tiendra (sauf deux visites à la côte, en 1930 et 1945) définitivement éloigné des missions.

Nommé Provincial en 1928, puis, après un stage de six ans à Baudonne, élu en 1937 à la même charge (qu'il conservera jusqu'à sa mort), l'ancien Missionnaire de Porto-Novo verra grandir de jour en jour la renommée faite autour de son nom. Et nous ne serons pas étonnés d'apprendre qu'à la suite d'un voyage au Dahomey et à la Côte d'Ivoire et grâce à la générosité de Monsieur Kahn, le Père rapportera d'Afrique en 1930 un film ethnographique et religieux que des spécialistes des religions primitives (tel M. Lévy-Bruhl) seront d'accord pour déclarer « unique » au point de vue documentaire ; d'apprendre que l'Académie des Sciences Coloniales se l'adjoindra en avril 1939 comme successeur de Mgr Leroy, le grand historien des « Religions primitives ».

Mais les limites d'un simple article, déjà trop long, m'interdisent d'entrer dans les détails de cette période, au reste suffisamment connue de la vie du R.P. *Aupiais*.

Au début d'août 1937, après les travaux de l'assemblée qui vient de le nommer Provincial, le Père revient à Baudonne chercher ses malles.

Baudonne ! Que de souvenirs lui rappelle cette maison où, après un premier provincialat de trois ans, dans le silence fécond d'une retraite imposée par les évènements, il a tenu bravement son rôle de Supérieur d'une modeste École Apostolique…

Pour moi, l'image la plus belle de cet homme de Dieu me semble être celle qu'il sut toujours rester, dans l'adversité comme dans les succès.

Et je le revois encore à Baudonne – vieille habitude qu'il avait conservée de sa vie de mission – debout une heure avant les autres, puis récitant son bréviaire, à genoux devant sa table de travail…

Je le revois sur le point de partir en voyage, rangeant dans sa valise, au milieu d'une liasse de lettres et de papiers, l'un ou l'autre volume des œuvres de Dom Marmion ou de Monsieur Sauvé dont il fera son meilleur compagnon de route, durant les longues heures de trajet en chemin de fer, en bateau ou en avion…

« Ce n'est ni l'action, ni même l'éclat qui sont efficaces dans le monde, mais une lampe ardente dans une poitrine

d'airain », écrivait-il en 1937 au sujet d'un admirable apôtre
« laïc » : Monsieur Gonin.

Ce cri d'un cœur généreux, toujours prêt à vibrer partout
où il voyait de la grandeur et de la noblesse, voilà, me semble-t-il,
qui explique, mieux que tout le reste, le secret de la vie du T.R.P.
*Aupiais*, l'Apôtre des Noirs et, à côté des Pères Planque et des
Monseigneur Pellet, le digne fils spirituel de notre Fondateur et
Père vénéré : Monseigneur de Marion-Brésillac.

J. B. Castanchoa

# LA VIE ARDENTE DU R. P. AUPIAIS

*Le Père Kern nous livre son témoignage de missionnaire dans l'enthousiasme de sa jeunesse quand, à son arrivée au Dahomey il découvre un 'ancien' qui a gardé, lui aussi, toute son ardeur malgré son âge et ses vingt années de séjour.*

J'ai vu le P. *Aupiais* pour la première fois à Porto-Novo en 1925, lorsque, missionnaire fraîchement débarqué, je m'y rendais avec le P. Buchert[18] pour y recevoir mon « obédience ». Il avait alors près de vingt-cinq ans de séjour à la Côte ; il était Supérieur de la mission de Porto-Novo et Pro-vicaire en charge du Vicariat apostolique du Dahomey, en l'absence de Mgr Steinmetz. Il venait de mettre en train la construction d'une nouvelle église, de fonder la revue *La Reconnaissance Africaine*, tout en collaborant à différentes revues coloniales.

Quelle révélation pour un nouvel arrivant en mission d'être ainsi mis en contact avec un vétéran de l'apostolat, qui avait gardé tout l'enthousiasme de la jeunesse, avec une parfaite distinction des manières et une curiosité intellectuelle universelle ; qui a développé au maximum, dans un milieu qu'on considère souvent comme leur étant peu favorable, les plus beaux

---

[18] Paul Buchert né en 1896 à Strasbourg (Bas-Rhin), ordonné prêtre aux Missions Africaines en 1925, décédé à Strasbourg en 1963. Lui et le père Kern, nommés tous les deux au séminaire de Ouidah, sont fortement influencés par le père Aupiais. Portant un regard a priori bienveillant, le père Buchert écrira même un intéressant article sur la musique africaine locale (cf. Écho des Missions Africaines de Lyon, déc. 28-janv. 29).

dons de l'intelligence et du cœur et qui déploie une activité prodigieuse tout en l'accordant, dans un véritable esprit d'équipe à celle de ses Confrères et en la tenant sous la sauvegarde d'une vie commune observée avec une religieuse discipline.

Tel, en effet, m'est apparu le P. *Aupiais* dès cette première rencontre, et je devais comprendre, à la même occasion, de quel esprit s'inspirait son étonnante activité.

En hôte attentif à nous être agréable et à nous donner déjà une idée sur la vie d'une grande paroisse africaine, le P. Supérieur voulut nous faire d'abord les honneurs de son école. La mission s'était animée, en effet, à partir de 7 h 30 du matin, par l'affluence d'un bon millier d'écoliers. Ceux-ci avaient d'abord rempli la vaste cour de la mission, puis, au signal de la cloche, à 8 heures précises, s'étaient mis en rang pour pénétrer dans les différentes salles de classe. Prière du matin sur le mode chantant des langues africaines ; et puis de commencer les exercices d'épellation, de récitation, de lecture, de calcul, etc. ; un entrain collectif endiablé ; un enchevêtrement de voix étourdissant, mais où (je devais le constater souvent dans la suite) le voisin ne gêne jamais le voisin ; une ruche bourdonnante de vie…

Cette école si florissante, c'était un peu le triomphe du P. *Aupiais*. Il lui avait consacré, pendant vingt ans, le plus clair de son temps et le meilleur de son cœur et de son intelligence. Il appartenait à cette génération de missionnaires qui considéraient comme un devoir de faire eux-mêmes la classe de façon régulière. On disait alors, avec assez de vérité : Le missionnaire qui ne fait pas la classe ne fait pas grand' chose ; c'est un paresseux.

À l'époque où je le vis, le R. Père n'avait plus le temps de faire la classe lui-même régulièrement, mais il exigeait encore que ses subordonnés s'y astreignissent. Pour sa part, il gardait la haute direction de l'école. Direction, d'ailleurs très effective. Il avait gardé l'habitude de réunir les maîtres avant la classe pour leur faire une petite conférence pédagogique. Il voulait ainsi les tenir en haleine et leur inculquer les principes et la technique d'une classe bien faite.

Cette méthode, bien onéreuse pour les missionnaires déjà très chargés de ministère, n'eut pas besoin d'être maintenue par ses successeurs. On disposait de plus en plus de maîtres suffisamment formés (une école de maîtres avait été ouverte à Ouidah) pour assumer la responsabilité de toutes les classes, sous la simple direction d'un Père chargé des écoles.

Dans la soirée de ce même jour le Père nous invita à une petite tournée dans la banlieue de la capitale, en passant par Adjara, alors station secondaire. Il avait dû demander pour cela la voiture de l'architecte de sa nouvelle église, car il ne disposait lui-même que d'une bicyclette. Je me souviendrai toujours avec quelle sympathie, quel enthousiasme contagieux il nous parlait des indigènes tout le long de la route. Ah ! comme il les aimait et comme on était loin, avec lui, de l'idée qu'on s'est faite trop souvent de ces populations comme des malheureux enfants de Cham, chargés d'une sorte de deuxième péché originel ; d'où leur dégradation bien au-dessous du niveau ordinaire de l'humanité ! L'image qu'il s'efforçait de nous donner de ses chers Noirs était aux antipodes de cette conception, longtemps courante et certainement erronée et injuste. « J'ai eu parfois la pensée, nous confia-t-il, d'ouvrir une discussion dans Frères d'Armes sur cette question : Ne pourrait-on pas soutenir que la Providence, par un bienfait spécial, a préservé la vie morale de ces peuples, de manière à les faire entrer de plain-pied dans le christianisme. »

Et encore : « Derrière ces bouquets de palmiers, tout le long de la route, voyez-vous, il y a de nombreuses fermes indigènes. Et bien, je vous dis que parmi les braves paysans qui les habitent, j'ai des amis, de véritables amis ».

Et c'était là, sans doute, le secret de son invincible optimisme, comme aussi ce qui prouvait la justesse foncière de son attitude et de ses appréciations. *Amicitia similes invenit aut facit*, disait les Anciens. « L'amitié s'établit entre ceux qui se ressemblent ou alors elle réalise cette ressemblance. » Puisque ces

populations sont capables de recevoir et de rendre l'amitié, c'est
donc qu'elles ne sont pas si différentes de nous ; c'est donc qu'on
trouve chez elles un terrain de rencontre et un terrain d'échange,
comme le veut la véritable amitié. Le P. *Aupiais* apportait, pour sa
part, un grand don de sympathie, une intelligence cordiale, qui
savait découvrir les qualités foncières de la race, sous le visage
divers des habitudes et des comportements ; il apportait la
véritable charité de l'apôtre, qui « avait saisi que l'Évangile,
message d'amour, ne se prêche pas sans amour, c'est-à-dire sans
une sympathie qui ouvre un large crédit à la bonne volonté et aux
qualités naturelles des non-chrétiens » (Mgr Chappoulie[19]). Il était
convaincu qu'il pouvait tabler, chez les indigènes – ce sont ses
propres paroles – « sur une grande perfection naturelle, faite
d'une forte constitution religieuse, d'un grand respect de
l'autorité et d'un sens moral profond et délicat ».
J'ai retrouvé le P. *Aupiais* quelques jours plus tard au Séminaire
de Ouidah, et assez souvent dans la suite, soit à Porto-Novo, soit
au Séminaire et je ne saurais dire combien ses directives, ses
suggestions, son exemple et bientôt son amitié m'ont été précieux
pour m'apprendre à m'adapter à un pays et à des gens si
nouveaux pour moi et pour m'y attacher profondément.

En 1926 le P. *Aupiais* rentra en France et y fut retenu pour
être nommé Provincial l'année suivante. Il reparut au Dahomey
en 1929-30 en visite officielle, dont il profite pour tourner ses deux
films. Il n'avait rien perdu de sa juvénile ardeur, ni de son
dévouement à ses chers Noirs, bien au contraire ; mais il devait les
servir désormais, à côté de sa lourde charge de Provincial, par un
apostolat de surcroît, en portant leur cause *ante reges et praesides*.
Depuis son départ du Dahomey, il s'était multiplié dans les
expositions d'art indigène, les expositions missionnaires, les
congrès, les conférences, les revues, les ventes de charité même ;
tout lui était moyen pour cet apostolat, moyen pour faire admettre

---

[19] Henri Chappoulie, né à Paris en 1901, évêque d'Angers en 1950, décédé accidentellement à Abidjan en 1959.

à des auditoires et des milieux de plus en plus larges, l'image du monde noir, telle qu'il la portait dans son généreux cœur d'apôtre pour faire connaître les besoins et les aspirations de ces populations dont la France et les missionnaires français avaient pris la responsabilité. Sa généreuse croisade souleva des objections et des controverses ; il ne pouvait en être autrement. Dans le portrait qu'il traçait de « l'Âme des peuples à évangéliser », certains virent quelque exagération et ses conférences leur apparurent surtout comme des plaidoyers. Mais n'y avait-il pas une cause à plaider depuis le temps où le besoin de légitimer l'odieuse traite des Noirs, puis une observation superficielle tout imbue de préjugés européens, le snobisme et parfois aussi une propagande missionnaire pour le moins maladroite, avaient fait courir sur le compte de ces pauvres populations les idées les plus saugrenues ? Ne les avait-on pas représentées le plus souvent comme plongées dans un abîme d'immoralité et de dégradation à faire frémir les âmes d'indignation ou de pitié ? Le P. *Aupiais* s'était fait le champion enthousiaste de cette cause, et s'il consentit quelquefois à mitiger certaines affirmations, dans lesquelles l'avaient entraîné le feu de l'éloquence, une certaine « volupté du verbe » et surtout, je pense l'absence nostalgique d'un pays aimé avec une sainte passion, rien ne put jamais diminuer la foi et l'ardeur qu'il mettait à publier la richesse morale et religieuse de l'âme noire. Et qui donc aujourd'hui ne rendrait hommage à sa généreuse obstination ?

La guerre elle-même ni l'occupation ne devaient interrompre cette croisade de justice et de charité. Comme Provincial soucieux d'assurer le maintien et le fonctionnement régulier de toutes nos œuvres missionnaires, il s'imposait une vie harassante, parcourant sans cesse la France et la Belgique ; mais jamais, selon le mot de Mgr Chappoulie, « il n'aurait manqué une occasion d'intéresser l'opinion à sa croisade pour la promotion de l'homme noir à un rang d'égalité fraternelle avec l'homme blanc ».

Rien de ce qui regardait les questions missionnaires ou coloniales ne lui était étranger. Il était à l'affût de toutes les publications dans ce domaine et il profitait de ses longues stations dans les trains pour lire et se documenter. Et avec quelle ferveur il en entretenait ensuite ceux qu'il savait disposés à s'y intéresser à leur tour ! Il lisait et relisait aussi avec le même amour les beaux livres de spiritualité et de pédagogie et volontiers il faisait part de ses découvertes. C'était là encore un signe de l'ardeur de son zèle qui est « transport de la charité ».

Pour soutenir une pareille activité le P. *Aupiais* était servi par un tempérament particulièrement robuste, mais il était surtout animé par une vaillance spirituelle, une ferveur intérieure, une austérité sacerdotale, comme seuls les plus grands savent en déployer. Car enfin il avait passé près de 25 années à la Côte ; il avait subi de graves maladies et l'usure de son organisme s'accusait depuis longtemps. Mais il ne connaissait pas la fatigue, c'est-à-dire il n'en tenait aucun compte lorsqu'il s'agissait d'exécuter un programme de travail toujours chargé ou de donner l'exemple de la régularité. Rentré souvent bien tard, à minuit, à une heure du matin, il était levé avec tout le monde pour assister à la prière du matin et à l'oraison. Rien chez lui pour la sensualité ou le confort ; tout à l'opposé du prêtre « pantouflard ». Je le vois encore arriver au Rozay pour ces visites que nous attendions avec tant d'impatience, pendant la guerre. Pour se protéger contre le froid et la pluie rien que sa mince douillette ; sa serviette à la main, contenant son bréviaire, son livre de méditation (s'il devait passer la nuit chez nous), un livre de lecture parfois et puis des lettres et des « commissions » pour les Pères et les élèves, car pendant ce temps de guerre, il se faisait le facteur de tout le monde, avec une complaisance et une régularité vraiment touchante.

Et avec lui la journée devenait d'emblée une journée pédagogique et une journée missionnaire. Resté étonnamment jeune lui-même il était à l'aise avec la jeunesse. Il avait horreur de tout ce qui sent la routine, le figé, s'attachant toujours aux méthodes et aux formules d'éducation les plus modernes :

entretiens spirituels sans contrainte, par manière de dialogue, cercles d'étude, travail en équipe, etc.… Quoi d'étonnant que nos jeunes gens lui aient marqué une admiration et un attachement qui devaient le dédommager un peu de ses fatigues héroïques et des dangers auxquels il s'exposait avec une courageuse imprudence.

Mgr Chappoulie a rappelé, dans l'allocution qu'il prononça au cours de la cérémonie funèbre à Paris que le P. *Aupiais*, déjà mourant à l'hôpital Saint-Joseph, lui disait dans un suprême effort pour exprimer sa pensée : « Sympathie partout, au Dahomey, à Dakar : païens, chrétiens, musulmans m'ont reçu avec affection, enthousiasme ».

Et il a conclu : « Puisse cette vision de joie unanime sur laquelle se fermèrent les yeux du noble missionnaire que fut le P. *Aupiais*, être le souvenir que nous garderons de ce prêtre de Jésus-Christ… »

Il m'est doux d'ajouter ce souvenir à ceux que je viens d'évoquer ; car nous y trouvons, nous, une consolation à notre douleur et à nos immenses regrets ; nous y trouvons aussi une leçon suprême pour notre apostolat : Quand le don de sympathie s'unit à une foi ardente, à une intelligence avide de comprendre, à une vaillance infatigable et à une austérité personnelle véritable, il fait les grands apôtres, dont la venue parmi nous ne doit pas être sans fruits.

Nous sommes fiers que celui-ci soit un des nôtres, et nous serons fidèles à sa mémoire, pour que ne soit pas perdu, pour nous le fruit de son grand exemple, pour nos chers Noirs le fruit de son magnanime labeur.

V. Kern

# LETTRE de Son Exc. Mgr PARISOT

*Mgr Parisot est alors vicaire apostolique de Ouidah[20]. Son témoignage est d'autant plus intéressant qu'il reconnaît avoir polémiqué avec le père sur leurs approches respectives de la culture.*

« Bien que j'aie polémiqué autrefois avec le R.P. *Aupiais* au temps de ses « fameuses » conférences, dont je trouvais les idées exagérées et « systématiques », je l'ai toujours reconnu sincère ; et j'ai pu constater encore dernièrement, qu'après vingt années il n'avait pas dévié de sa ligne, modifié ses idées. Je l'ai surtout éprouvé ami sincère et fidèle, incapable de ressentiment. Ce que j'ai le plus admiré en lui, c'est avec son dévouement aux Missions, à ses confrères, à ses Noirs, avec sa puissance de travail, les charmes et j'ose dire les séductions de sa parole et de son esprit. Je croyais savoir combien il aimait les Noirs et en était payé de retour ; mais ce dont je fus témoin, à son dernier passage parmi nous, a dépassé en manifestations, tout ce que je pensais. Lui ! reconnaissant après quinze ou vingt ans tous ceux qu'il avait connus et les appelant de leur nom familier. Eux ! se jetant à son cou et l'appelant du doux nom de « papa ».

Le demi-échec du scrutin suscita leur colère. Ils ne pouvaient pas s'imaginer que quelqu'un eût pu oser se présenter contre leur père bien-aimé et empêcher qu'il ne fut élu d'emblée. Il dut s'employer à les calmer et cela, comme toute action sur eux,

---

[20] Vicaire apostolique, équivalent à l'heure actuelle d'évêque. Son siège était alors à Ouidah ; en 1960, le siège sera transféré à Cotonou.

lui fût facile ; ce qui fit dire d'ailleurs aux Européens que seul le P. *Aupiais* était l'homme de la situation.

Lorsqu'au deuxième tour il fut élu à 100 voix de majorité, l'allégresse fut « nationale » et véritablement « triomphale ». Voyageant ce jour-là, je n'entendais que son nom acclamé dans le train, dans les gares, et ne voyais que des visages éclairés de joie et de radieux sourires. « Le Père *Aupiais* était élu ! L'Afrique était sauvée ! » Cette première consultation populaire prenait le caractère d'un plébiscite. Tous les indigènes, aussi bien païens, musulmans, protestants que catholiques, voyaient dans le nouvel élu comme un Sauveur et un Libérateur, parce qu'il avait dit et redit inlassablement, et de l'accent de la plus profonde conviction : « Vous êtes des hommes. Vous devez être conduits et vous conduire comme des hommes. »

J'ai assisté, à Cotonou, le 20 novembre, à la réception que donnait la grande ville en son honneur, à la veille de son départ. Aucune place, sinon celle des Halles n'avait paru assez vaste pour contenir la foule qui voulait une dernière fois entendre la voix de son Père et surtout le voir encore, le voir encore ! Plusieurs milliers de personnes, peut-être dix mille, peut-être plus, étaient là, y compris tout le monde européen officiel. Ce qui me frappa le plus dans cette foule, à part quelques rires jaunes, ce fut le calme de sa joie sereine. Elle triomphait dans la dignité. Le Père, son Père bien-aimé, une dernière fois parla, lui parla. La joie, la fierté, l'amour qu'il avait d'elle, le transfiguraient et avaient enlevé à sa chère physionomie certains signes mauvais précurseurs qui n'avaient pas échappé auparavant à quelques-uns de ses amis.

Vingt-trois jours après, répandue à travers le monde par la radio, à la même heure, huit heures du soir, la foudroyante, la douloureuse nouvelle arrivait au Dahomey : « Le Père *Aupiais* est mort ! » Le glas sonnait dans les églises. La foule, devinant son malheur, courait à la mission. Et la nuit bientôt était remplie de cris, de sanglots. Et le lendemain, tout un peuple prenait le deuil.

# HOMMAGE D'ALFRED SEVRY

*Cet hommage est signé d'Alfred Sévry[21], ami du père et journaliste, rédacteur aux Nouvelles du Matin. Il a été prononcé à la Radio le 16 décembre au soir. « Frères d'Armes » y voit 'la sincérité du chaleureux sentiment qui l'anime et la saveur tout africaine dont elle est imprégnée.'*

« Le Père *Aupiais*, Provincial des Missions Africaines et Député du Dahomey-Togo, vient de mourir. C'est pour la France une perte irréparable ; - « le pouce et l'index de la main gauche ! » dirait Zounon, Roi de la Nuit. Mais Zounon est mort voici deux ans à Porto-Novo, son royaume, dont il avait ouvert les portes à celui qu'il tenait pour un grand Chef Blanc. J'ai entendu Zounon dire devant moi à mon vieil ami en soutane et casque blancs : « Toi, c'est grand Roi du Jour. Moi, c'est grand Roi de la Nuit ». Le Père *Aupiais* souriait dans sa barbe blanche ; ses yeux bleus de lin clignaient derrière les lunettes, non pour se moquer – il aimait les Noirs plus que lui-même – mais pour dissimuler son émotion, sa fierté d'être admis si près de la Communauté Noire. C'était pour lui non seulement un éloge, mais une manière de confirmation, l'assurance que son enseignement portait bien les fruits qu'il escomptait…

Il avait, à lui seul, conquis tout le Dahomey, le cœur du pays, le vrai, celui des Noirs…

---

[21] Nous n'avons aucun autre renseignement sur cette personne et son organe de presse.

Bon ! Doux ! Brave Père *Aupiais*, sec comme le premier commandement, dans votre soutane blanche ! Je vous revois me serrant les mains à les écraser… Combien de coloniaux de mon espèce, aventuriers de la chimère, victimes des flibustiers commerciaux de l'A.O.F., combien de bougres de mon genre avez-vous arrêtés au dernier moment ? « Tu regimbes ? … Tu te révoltes ? … Relève ta mauvaise tête … Écoute ton cœur… Tu voudrais tuer l'homme qui pille ta jeunesse ? … Fou ! ta peine et celle des autres te puniront ! grogne, pleure un bon coup, rien de tel pour retrouver le soleil ! »

Aux Noirs il apportait le baume des mots qui font le silence dans les cœurs simples, qui vous rentrent les mains dans les poches, les mains terribles des hommes de bras… « Regarde devant toi… par-dessus les hommes de mauvais jour, ton Frère, c'est moi ! »

Je sais une famille Noire où ce soir le Chef, qui a nom Godonou, fera agenouiller tous ses enfants (combien ? huit ou dix ?) et qui, le front sur la terre rouge, commencera ainsi la prière du soir : « Notre Père *Aupiais* qui êtes aux cieux… »

Tout le Dahomey, toute la Côte des Esclaves connaissent maintenant la nouvelle : les tam-tams l'ont transmise de village en village, de Cotonou à Zinder, dans les territoires du Niger, de Lomé à Conakry, de Conakry à Dakar… par toutes les Terres de barre et les Terres d'eau… Les vieux Chefs ont battu le rappel et devant les tribus assemblées dans la case du Conseil, ils ont dit à voix basse :

« Que le soleil nous soit toujours favorable… le grand Chef du Jour est retourné au Royaume de la Nuit ; je vous le montrerai demain, c'est maintenant une grande Étoile ».

Et les hommes se sont frappé la poitrine, toutes les femmes ont gémi en s'arrachant les cheveux, le silence a passé dans l'ombre. Et le chant du coq de pagode est revenu. Alors tous ont dit : « Ainsi soit-il ! … Okou Baba Yovo ! … », ce qui signifie : « Bonjour le Père des Blancs ! » Car il est dit chez les Noirs comme chez nous : « le temps n'est rien, c'est l'éternité qui compte ! »

surtout au Dahomey où le Père *Aupiais* a semé aux quatre vents le chant des hommes de bonne volonté ».

# EN GUISE DE CONCLUSION

À la lecture de ces documents, ce qui constitue pour nous le fil conducteur de toute cette vie, c'est la passion du père pour la mission dans un peuple concret, les *gun* de Porto-Novo (Bénin actuel). À ce peuple, et à travers lui à tous les Africains, il commence par rendre justice de leur humanité : ce sont des hommes comme les autres, avec leurs cultures spécifiques certes, mais tout aussi dignes qu'une autre.

• Ce sont des hommes, et ils sont capables de réussir à l'école, de s'ouvrir à d'autres cultures, de devenir eux-mêmes enseignants, de se prendre en charge, et de devenir prêtres ; c'est d'ailleurs le but final de la mission : instaurer un clergé local ; lui-même y a travaillé ardemment.

• Ce sont des hommes avec une culture. Lui-même a envoyé des objets pour l'exposition missionnaire de 1925 au Vatican ; puis en 1927, il rapporte de quoi monter une exposition itinérante à travers l'Europe. Il a écrit, mais d'une manière non systématique : à l'époque l'ethnologie naissait ; cependant en voulant valoriser, il s'est laissé entraîner à ne voir que les bons aspects : « *Il y a assez de monde à dire du mal des Africains pour que moi je n'en dise que du bien.* » Par contre, son idée de génie à l'époque est d'amener ces Africains à parler eux-mêmes de leur culture, à travers son bulletin '*La Reconnaissance africaine*' ; après son départ, certains continueront à travailler sur leur culture.

• Ce sont des hommes comme les autres, et s'il ne récuse pas la colonisation, il en dénonce les excès et les abus jusqu'au BIT à Genève ; il semble bien que ce soit cette attitude qui lui vaudra ses déboires.

Pour toute cette justice qu'il leur rend, c'est lui que les dahoméens et les togolais choisiront comme député à l'Assemblée Constituante de 1945.

Passionné par la mission et meneur d'hommes. Déjà, les élèves qui arrivent en 1903 au séminaire des Naudières à Rezé regrettent de ne pas l'y avoir connu. Ceux qui vont ensuite le côtoyer pendant son exil à Baudonne en garderont un souvenir inoubliable. Le journaliste et ami A. Sévry lui sait gré de lui avoir 'remonté les bretelles' et remis dans le droit chemin. Meneur d'hommes, souvent hors des sentiers battus, et capable au bout de 25 ans d'Afrique, avec tout ce que cela comporte à cette époque de fatigue, maladie et autre, d'enthousiasmer encore les jeunes qui arrivent (voir le témoignage du P. Kern), capable ensuite de se faire réélire comme provincial, puis député.

Une passion qui ne va pas sans souffrance morale, sans incompréhension. Mgr *Dartois*[22] dans une lettre aux supérieurs à Lyon écrit « *qu'il refuse de réciter son bréviaire, sans autre raison, je suppose, que son inutilité…* » Sans doute pour *Aupiais* y avait-il des choses plus urgentes ! Mais à la même époque (1904-1905), Mgr *Pellet*[23] note être heureux de trouver à Abomey chez deux hommes (les pères *Waller*[24] et *Aupiais*) '*un esprit de pauvreté et d'abnégation*'. Mais ce qui frappe, c'est le témoignage du P. *Castanchoa*, trouvant à Baudonne le père récitant son bréviaire à genoux devant sa table de travail, emportant avec lui en voyage des livres de spiritualité ; et à Lyon, se trouvant le matin à la chapelle avec ses confrères quel que soit l'heure de son retour de voyage. Enfin et surtout, son attitude quand, démis de ses fonctions, il rejoint Baudonne. En tant qu'homme, il ne peut que souffrir de se voir bafoué, lui et

---

[22] Louis Dartois, né à Cambrai en 1861, évêque en 1901, décédé à Ouidah en 1905.

[23] Paul Pellet, né en 1859 à Ste Anne d'Estrablin (Isère) évêque en 1895, décédé à Lyon en 1914.

[24] Oswald Waller, né à Bennwihr (Ht Rhin) en 1866, prêtre en 1892, 1er préfet apostolique de la Nigéria Orientale en 1911, décédé à Mulhouse en 1939.

tous ceux pour qui il se passionnait. Un seul mot : il accepte. Il accepte, mais il garde intacts tout son enthousiasme, toute son ardeur, qui vont rejaillir quand il retrouve ses fonctions de provincial. Une telle attitude ne peut venir que d'une grande force d'âme et de caractère, nourrie d'une profonde spiritualité.

Le père *Aupiais* était certes un passionné, mais d'abord un amoureux. Sans sympathie, sans amour vrai et solidement fondé, il ne peut y avoir de passion qui fait dépasser toutes les avanies. Il a ainsi aimé les Africains qui l'ont reconnu, et en retour ils l'ont aimé.

# Table thématique et analytique


## Personnes

### Pères SMA

Boucher, 4-5
Brésillac, 61, 81, 95
Buchert, 97
Castanchoa, 81, 83, 95, 112
Coquard, 25-26
Dartois (Mgr), 112
Gantly, 76
Kern, 81, 97, 103, 112
Lejeune, 1
Parisot (Mgr), 79, 82, 105
Pellet (Mgr), 95, 112
Planque, 95
Saulnier, 2, 78
Slattery, 3
Steinmetz (Mgr), 97
Waller, 112

### Noms importants

Alfred, 107
Balard, 1
Béhanzin (Roi), 70
Gasparri (Cardinal), 88
Hardy, 3
Hazoumê, 77, 79, 86
Kahn Albert, 77, 94
Kiti, 77
Leroy (Mgr), 94
Lévy-Bruhl, 94
Mouléro, 77
Olympio, 70, 75
Pie XI (Pape), 62, 66, 88
Toffa (Roi), 71, 73-75
Zounon, 107

## Lieux Importants

Abeokuta, 24-25
Abidjan, 100
Abomey, 73, 112
Agoué, 76
Allemagne, 77
Angers, 100
Angleterre, 77
Badou, 71, 75
Baudonne, 3, 83, 93-94, 112
Belgique, 93, 101
Bénin, 2, 111
Brésil, 75
Bruxelles, 93
Cambrai, 112
Conakry, 108
Côte d'Ivoire, 94
Cotonou, 73, 79, 82, 105-106, 108
Dahomey, 1-3, 18, 54, 61, 69, 72-73, 76-77, 85-86, 88, 92, 94, 97, 100, 103, 106-109

Dakar, 3, 69, 75, 86, 103, 108

France, 1, 11, 49, 54, 61, 67,
   69-72, 75-79, 87-88, 90, 92-
   93, 100-101, 107

Grèce, 84

Guérande, 84

Guinée, 53

Lagos, 25, 75

Loire, 25, 83

Lomé, 108

Louvain, 93

Lyon, 3, 61, 69, 72, 81, 93, 97,
   112

Marseille, 93

Mulhouse, 112

Nantes, 72-73, 93

Niger, 108

Niger, 108

Nigeria, 18, 24-25

Ouidah, 66, 75, 82, 97, 99-
   100, 105, 112

Paris, 1-4, 73-74, 76, 78, 93,
   100, 103

Porto-Novo, 2-3, 53, 66, 69-
   70, 72-73, 75-77, 79, 83,
   86-87, 89, 92-93, 97, 100,
   107, 111

Togo, 77, 107

Vatican, 77, 88, 111

Vatican, 77, 88, 111

Zinder, 108


## Thèmes


Amour, 12, 58, 67, 79, 87,
   100, 102, 106, 113

Ancêtres, 29, 40, 44, 47, 52,
   58

Baptême, 18-19, 33-34, 39,
   48-51, 59

Bateau, 53-54, 94

Catéchistes, 46, 49-50, 55

Cérémonialisme, 56-57, 90

Chemin De Fer, 54, 94

Chirurgien, 25-26

Civilisation, 7-9

Clergé, 3, 61-65, 111

Colonisation, 3, 5-8, 77-79,
   111

Conférence, 2, 11, 54, 93, 98,
   100-101, 105

Confirmation, 107

Culture, 1, 4, 7, 35, 42, 75, 77-
   78, 83, 105, 111

Dahoméen, 74, 86, 93, 112

Divination, 52

Divinités, 40, 56

Ecole, 7, 15, 23, 37, 46, 49-51,
   54, 59, 66, 76-78, 83-87, 89,
   94, 98-99, 111

Église, 2, 5-6, 8-9, 12, 24, 27,
   32, 34, 46, 51, 54-55, 58,
   61, 63, 65, 69-72, 75, 77,
   84, 89, 92, 97, 99, 106

Elites, 8, 87

Ethnologie, Ethnographique, 2, 15, 77, 86, 94, 111

Evangélisation, 9, 13

Evêque, 6, 46, 75, 100, 105, 112

Exposition, 63, 77, 93, 100, 111

Femme, 18-19, 23, 30, 32-37, 44, 46, 50, 108

Fête, 18, 21, 45, 50, 77, 89-92

Fon, 75

Gouvernement, 5-7, 71, 77, 86

Indigènes, 6-8, 15-16, 20, 25, 27-31, 33, 35-37, 39, 41-47, 51-57, 59, 63-65, 67, 85, 88, 90, 93, 99-100, 106

Justice, 39, 79, 101, 111-112

Lali, 76, 79

Linguistique, 15, 18

Mariage, 12, 30, 35, 44, 89-90

Médecin, 25-33, 37

Mission, 1, 3, 5-9, 11, 13-15, 21, 24-26, 33, 37, 46, 49-50, 53, 61, 63-64, 66-67, 69, 72, 76, 79, 81, 84-88, 93-94, 97-98, 105-107, 111-112

Pédagogie, 102

Politique, 1-3, 5-9, 42, 76-78, 90

Polygamie, 23, 34, 36, 44, 90

Prêtres, 6, 23, 27, 32-33, 46, 53-54, 59, 61-65, 67, 111

Religion, 6, 12, 21, 30-32, 44-49, 51-54, 57-58, 75, 87-88, 94

Sacrement, 6, 27, 34, 48, 90

Sacrifices, 13, 29, 33, 44, 47, 58, 71

Sages-Femmes, 37

Séminariste, 11, 64, 66-67, 81

Soldat, 69-71, 74-75, 91

Travail forcé, 78

Voyage, 16, 54, 84, 94, 112

Yoruba, 75

# TABLE DES MATIÈRES


*Hommage au Cardinal Bernardin Gantin* .............................. iii

*Dates importantes de la vie du père Francis Aupiais* .............. iv

*Biographies du père Francis Aupiais* ................................. vi

*Collection SMA Sankofa* ............................................... vii

*Informations Pratiques* ................................................ viii


PRÉSENTATION ............................................................ 1

LE MISSIONNAIRE ....................................................... 3

LA RECONNAISSANCE AFRICAINE ................................ 69

FRÈRES D'ARMES ...................................................... 81

*Une grande âme missionnaire :*
    *Le très Révérend père Aupiais 1877 – 1945* ...................... 83

*La vie ardente du R. P. Aupiais* ................................... 97

*Lettre de Son Exc. Mgr Parisot* .................................. 105

*Hommage d'Alfred Sevry* ......................................... 107

EN GUISE DE CONCLUSION ....................................... 111


Table Thématique Et Analytique .................................. 115

*Personnes* ......................................................... 115

*Lieux* ............................................................... 115

*Thèmes* ............................................................ 116